K线
操练大全

2

读懂K线秘诀，把握股市赚钱先机

王孝明　肖翼◎著

白金版

SPM 南方出版传媒　广东人民出版社

· 广州 ·

图书在版编目（CIP）数据

K线操练大全：白金版. 2 / 王孝明，肖翼著. — 广州：
广东人民出版社，2018.10
ISBN 978-7-218-12922-8

Ⅰ．①K… Ⅱ．①王… ②肖… Ⅲ．①股票交易－基本
知识 Ⅳ．① F830.91

中国版本图书馆 CIP 数据核字 (2018) 第 124076 号

K Xian Caolian Daquan: Baijinban. 2

K线操练大全：白金版. 2

王孝明 肖 翼 著

出 版 人：肖风华

责任编辑：马妮璐 刘 宇
责任技编：周 杰 易志华
装帧设计：刘红刚

出版发行：广东人民出版社
地　　址：广州市大沙头四马路 10 号（邮政编码：510102）
电　　话：（020）83798714（总编室）
传　　真：（020）83780199
网　　址：http://www.gdpph.com
印　　刷：三河市荣展印务有限公司
开　　本：787mm×1092mm　1/16
印　　张：13.5　字　　数：172 千
版　　次：2018 年 10 月第 1 版　2019 年 4 月第 2 次印刷
定　　价：39.80 元

如发现印装质量问题，影响阅读，请与出版社（020－83795749）联系调换。
售书热线：（020）83795240

序　言

很多经历过股市风浪的股民总想获得一些名家真经甚至独门绝技，似乎这样在股市中获利就能如同探囊取物一般。正是因为投资者具有这样的心理，所以市面上出版了很多关于股票投资的书籍，有的倾向于逻辑分析，也有的倾向于市场基础面分析。这些书籍形成多种门派，各门派独树一帜但有时又难免针锋相对。

各门派之间虽然分析的方式不同，但归结起来对股市的研究大致可以分为技术面分析或基础面分析两个方向。中国股票市场中的投资者大多更倾向于技术面的分析，这是因为技术面分析带来的可信度和准确性更能帮助投资者在股市中规避风险、扩大盈利。

炒股虽然看似简单，只需要买入、卖出的操作，但实际上并不容易，投资成功是不可能一蹴而就的，对炒股理论简而化之、不求甚解是不可取的。股民只有先掌握基本的分析技能再配以实操练习才能在股市中自由行走，如同渔夫必须具备捕鱼技巧一样，掌握方法才能满载而归。

很多人说股市变化无常，像海浪一样，有时汹涌，有时又很平静，在这样变化莫测的环境中，怎样做才能成为最后的胜利者呢？答案就是打好基础、掌握技巧，具体问题具体分析。

首先，打好基础。在实际生活中，我们总能看到很多投资者经不住诱惑，在没有掌握最基本的规则和知识的时候就盲目地进入股市，结果他们还没有品尝到投资赢利的滋味就已经输光了大部分本金。

与此相反，还有一部分投资者对于自己不擅长的领域总是先学习基础知识，了解规则后再进入市场。这部分投资者一步一步地前进，慢慢地把基础打好，经验也有了，其后便能够在股市中如鱼得水，这些人就是股市中最后的赢家。

提到股市的基础知识就不能不说K线。K线可以说是贯穿股市最重要的组成部分，对K线的分析是每个入门投资者都要掌握的一项基础知识，只有打好这一基础，才能应对好以后炒股中面对的各种问题。

股市虽然变化无常，但是投资者要清楚，行情的好坏不是最重要的，最重要的是自身的素质，而这其中包括对专业知识的掌握、实战经验、心理素质等。

其次，掌握技巧。这里我们所说的技巧实际上是指投资者选择买卖的时机，准确地说，投资者夯实基础知识后应该学会分析行情，懂得什么时候该买进、什么时候该清仓。懂得技术分析，就能准确判断最佳买卖点，不断地扩大盈利空间。

最后，具体问题具体分析。世界上没有两片相同的叶子，股市中也一样，每只股票的价格走势都是各不相同的。虽然股价有时会走出相同的趋势，却可能有截然不同的应对措施。具体问题具体分析，才能对症下药，做出正确的布局。

为了让股民们充分掌握炒股技巧，合理规避风险，本书对K线的各种类型进行了详细的分类和说明，附带了最新的案例，通过图文结合的形式向读者们清晰、详细地介绍了K线知识和分析技巧。

全书共分为四个章节，分别介绍了大阳线、大阴线、小阳线和小阴线以及其他特殊形态K线的操练，每章都有基础知识的专业解析。此外，我们还详细介绍了在各类不同走势中K线发挥的作用，并且为读者提供了相应的操作建议，使股民朋友在阅读的过程中能够将理论与实际相结合，进而更准确地进行各种操作。

投资者需要注意的是，股市是时刻变化和发展的，因此相对应的炒股技巧也要不断地更新。我们希望股民朋友能够通过阅读本书，在掌握专业知识的基础上学会在实战中举一反三，将理论应用于实际的投资过程中，在经验不断丰富之后找到适合自己的炒股方式。

一直以来，股市的变幻莫测都让很多股民感到恐惧，一边羡慕巴菲特在股市中赚得盆满钵满，一边自己又不敢轻易入市，殊不知股市看似很神秘，但只要能掌握股市中的一些基本面分析和技术面分析，就能轻松地发现和应对行情变化。

创作本书的初衷也正在于此，我们希望股民朋友通过对本书内容的学习，在未来的股市投资中不断获利。变化的是行情，不变的是掌握的知识，愿所有投资者都能找到属于自己的一套布局方式，在股市中不断地积累个人财富。

目录
Contents

第二章　大阴线详解

第三章　小阳线与小阴线操练

第一章

大阳线详解

　　在股市中，阳线通常代表着股价在某个交易日中出现了不同程度的涨幅，是广大投资者喜闻乐见的情况。而大阳线则代表着股价发生了很大幅度的增长，能够让股民们欣喜若狂。其实，大阳线不光代表着股价的变化，不同时期、不同位置出现的大阳线还可能预示着股价后续的变化，为投资者指引方向。本章就为股民朋友们详细地介绍不同大阳线代表的不同含义，希望能够对读者炒股有所帮助。

第一节　变化万千的大阳线

» 形态识别

（1）大阳线在股市盘面上是很常见的，代表着多方力量踊跃。

（2）根据K线上下影线长短的不同，我们大致将大阳线分为光头大阳线、光脚大阳线、穿头破脚大阳线以及光头光脚大阳线四个重要类型。

（3）在实战中既存在大阳线，也存在假大阳线。

（4）对于个股而言，涨幅在6%以上的阳线通常可称为"大阳线"。

» 应对策略

（1）股市中，光头大阳线往往在行情上涨阶段出现，会引来投资者争相入市。

（2）在低位出现光脚大阳线，若K线实体部分较长，则表明多方正在聚集上攻的力量；若在高位出现光脚大阳线且K线实体较短，则意味着后市行情可能要发生反转，投资者一定要提高警惕。

（3）穿头破脚大阳线可根据上下影线的长短进行分析。

（4）光头光脚大阳线属于比较强势的一种K线。

（5）假大阳线出现，后市行情总是与大阳线相反，明涨实跌，投资者一定要仔细辨认。

1. 光头大阳线

▶ **基础速读**

光头大阳线，所谓光头就是指只有下影线而没有上影线，最高价即是收盘价，大阳线代表着股价有很大的上涨幅度。在股市中，光头大阳线无疑是每个投资者都喜闻乐见的K线图形，因为此图形通常在股价强势上涨时出现，它的出现很容易引起众投资者争相入市建仓的盛况（如图1-1所示）。

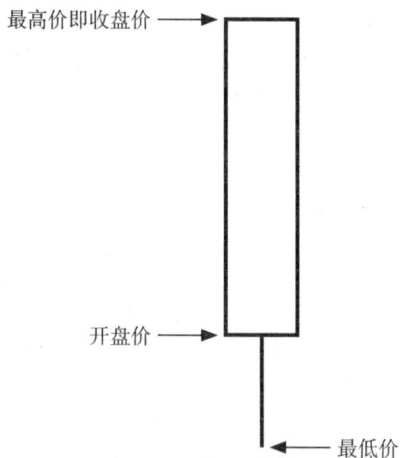

图1-1 光头大阳线示意图

▶ **实盘精解**

北方稀土（股票代码：600111）在2017年7月7日走出光头大阳线，当日涨幅达到9.97%。在接下来的日子里该股气势如虹，股价迅猛上升，涨势持续到8月10日，涨幅约为100%（如图1-2所示）。

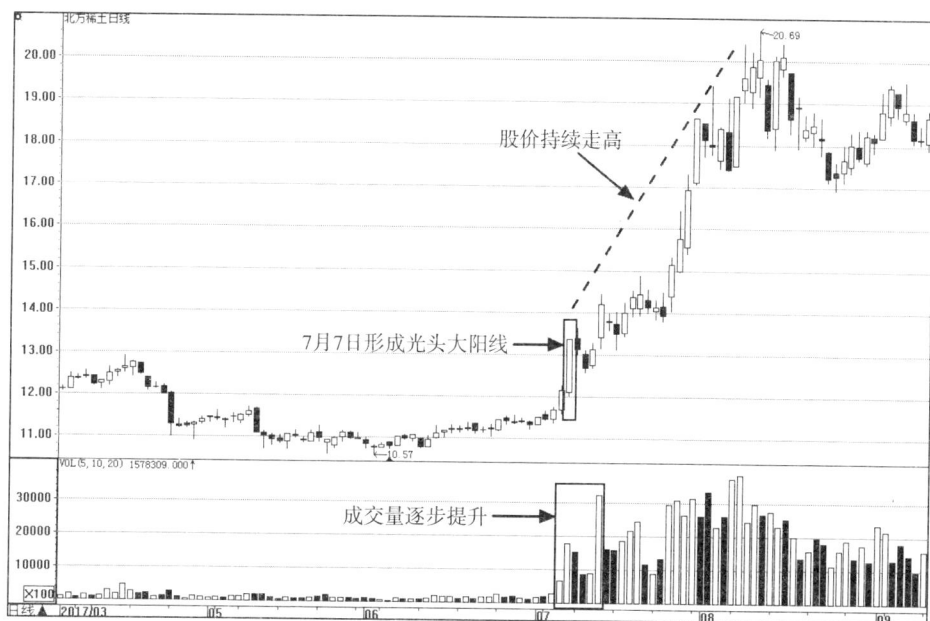

图1-2 2017年3月至9月北方稀土K线图

在图1-2中我们可以很轻易地看出，北方稀土这只股票2017年上半年股价一直处在谷底，并且形成了横盘的走势。但2017年7月7日却突然拉出一条光头大阳线，并且成交量也水涨船高，有显著的上升。通常出现这种情况意味着股票已经做好了前期的积累工作，即将迎来一波涨势。事实也的确如此，该股在接下来的一个月震荡走高，彻底脱离了低谷，股价从6月的10.57元达到8月的最高价20.69元。

2.光脚大阳线

▶ **基础速读**

光脚大阳线，所谓"光脚"就是指只有上影线而没有下影线，开盘价即当日的最低价。同样是代表股价上升的K线图，光脚大阳线代表的意义却有所不同，主要体现在上影线上。如果上影线较短则后市看好，如果上影线很长则代表股价有大幅回落迹象，投资需格外谨慎（如图1-3所示）。

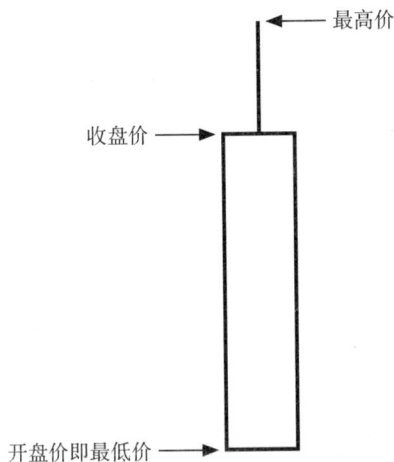

图1-3 光脚大阳线示意图

▶ **实盘精解**

瑞茂通（股票代码：600180）于2017年3月24日收出光脚大阳线，继续了该股多日以来的涨势。但令人没有想到的是，在下一个交易日瑞茂通股价持续下跌，再不复先前之勇（如图1-4所示）。

图1-4 2016年11月至2017年6月瑞茂通K线图

在图1-4中我们可以看出，瑞茂通自2017年开始股价持续上涨，3月24日收出光脚大阳线也并不出人意料。但需要注意的是，这根光脚大阳线的上影线非常长，代表这一交易日股价有大幅回落的现象。果然，接下来持续下跌的股价证实了这一情况，这根长长的上影线预示了瑞茂通涨势的结束。

3.穿头破脚大阳线

▶ **基础速读**

穿头破脚大阳线就是指上下都有影线的大阳线。这个K线图形代表当日买卖双方的战斗十分激烈，股价起伏巨大。上下影线相比，上影线较长且超过实体，证明卖方占据优势。如果此时股票处于涨势，预示着可能形势即将反转，股价即将回落。当下影线较长时则代表这一日的争斗以买方优势结束，如果此时股票处于跌势，预示着股价可能会开始回升（如图1-5所示）。

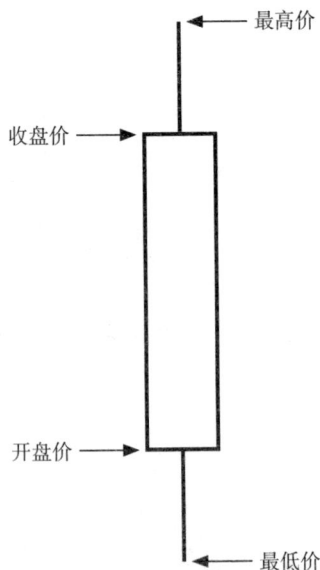

图1-5　穿头破脚大阳线示意图

▶**实盘精解**

　　狮头股份（股票代码：600539）自2017年5月开始股价持续下跌，眼看跌势持续了一个多月，仿佛回天乏术，但事情总是峰回路转、否极泰来，该股在6月16日突然收出穿头破脚大阳线，随后股价开始出现震荡回升的态势（如图1-6所示）。

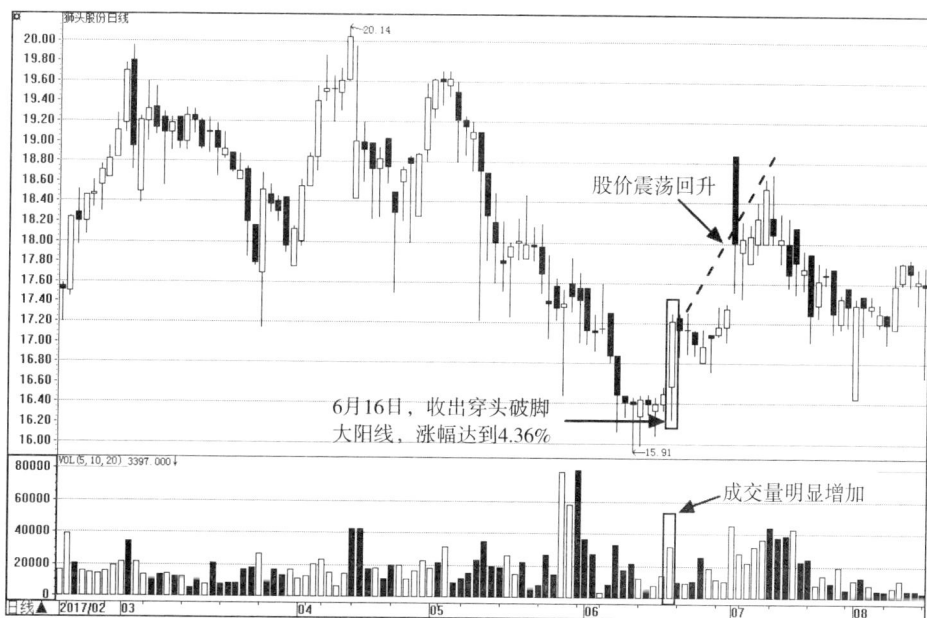

图1-6　2017年2月至8月狮头股份K线图

　　案例中，狮头股份从2017年5月开始就陷入了跌势，经过一个月的持续下跌，股价达到15.91元的低谷。从成交量上也可以看出，在股价下跌的过程中，很多持股人卖出离场，可谓祸不单行。但6月16日的穿头破脚大阳线却预示着该股跌势已尽，当日成交量也有明显的增加，价与量相互配合，狮头股份必定重获新生。

4.光头光脚大阳线

▶ **基础速读**

光头光脚大阳线就是指上下都没有影线的大阳线。虽然只是简单的一个长方形，仿佛很不起眼，但其实光头光脚大阳线可以说是极尽强势。它代表着当天股价的最低价就是开盘价，并且以最高价收盘，涨幅巨大（如图1-7所示）。

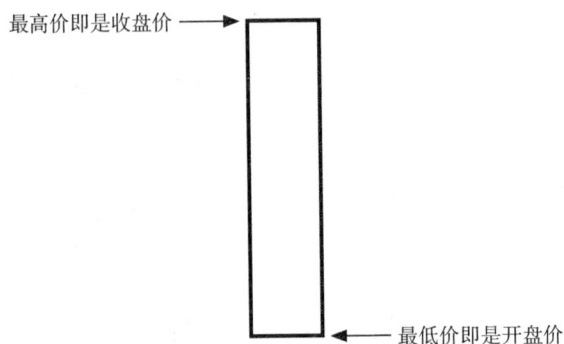

最高价即是收盘价 ——▶

◀—— 最低价即是开盘价

图1-7 光头光脚大阳线示意图

▶ **实盘精解**

氯碱化工（股票代码：600618）在2017年6月16日买家突然发力，开盘后股价直线飙升，涨幅达到9.98%，直接进入涨停，最终以光头光脚大阳线收尾。该股不负众望，在接下来的日子里股价震荡上升，涨势持续了近两个月（如图1-8所示）。

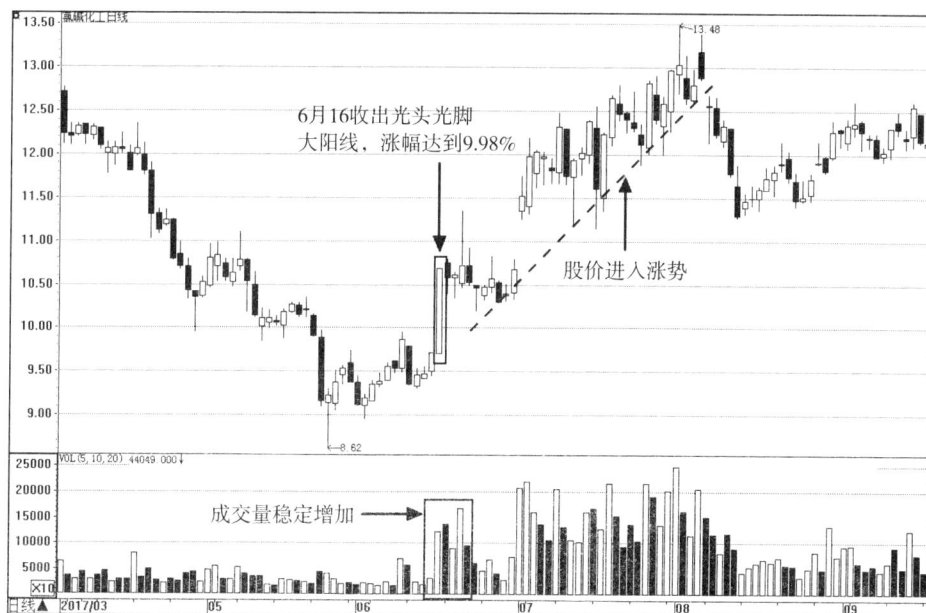

图1-8　2017年3月至9月氯碱化工K线图

　　氯碱化工在2017年3月至6月间股价持续下跌，虽中途有过奋力挣扎，却也难以抗拒跌势，股价一度掉落至8.62元。但已经处于谷底的股价就随时有反弹的可能，在积攒了一段时间的力量后，6月16日全面出击。股价在当日开盘后很快进入涨停，这一根突破天际的光头光脚大阳线预示着该股吹响了进攻的号角。

5.假大阳线

▶ **基础速读**

并不是所有的阳线都代表着股价的上升，如果当日股价以高于开盘价收盘，却低于前一个交易日的收盘价，这样的阳线被称为假阳线。假阳线是一种具有欺骗性质的阳线，明涨实跌，需要小心应对（如图1-9所示）。

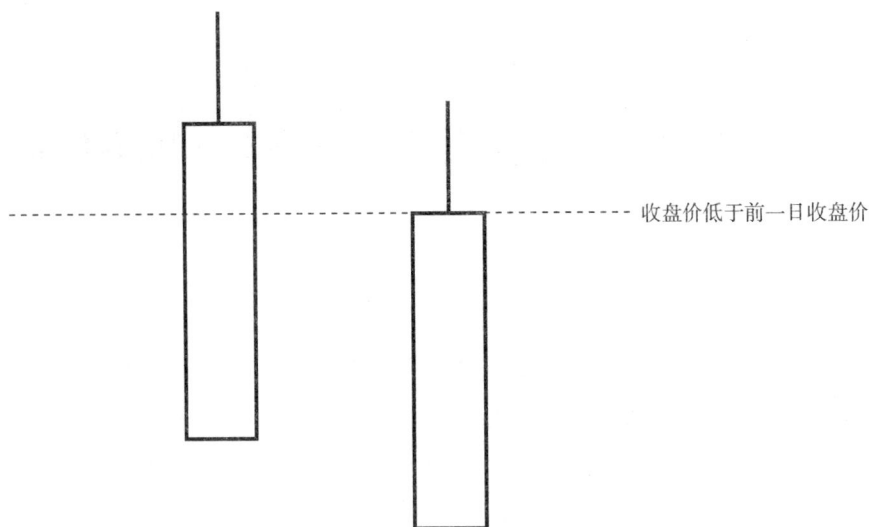

收盘价低于前一日收盘价

图1-9 假大阳线示意图

▶ **实盘精解**

太极实业（股票代码：600667）2017年5月股价在谷底发生反弹，涨势迅猛，中间还出现过涨停的情况。但就在受到众人追捧和看好时，5月22日却收出一条假阳线，股价不涨反跌（如图1-10所示）。

图1-10 2017年3月至9月太极实业K线图

案例中太极实业5月22日的K线图就是一个很典型的假大阳线。5月22日虽然以阳线收盘，但收盘价却低于前一个交易日，并且这根假大阳线还有着长长的上影线，这代表当日股价有大幅回落，再加上突出的成交量，一切都预示着太极实业近一个月的涨势即将结束。

※ 高手如是说

所有的大阳线对我们判断股票走势都能起到很大的帮助作用。下面就来总结一下这一节所提到的重点内容：

1.光头大阳线的出现，如果在跌势中出现可能预示着股价即将反弹，如果在涨势中出现代表该股后劲十足，继续看涨。

2.光脚大阳线的出现代表当日股价先涨后跌，投资者应小心应对。如果上影线短则影响不大，如果上影线过长，建议持币观望。

3.穿头破脚大阳线的出现意味着当日股价震荡起伏，在走势并不十分明朗。在涨势后期出现可能预示股价即将开始回落，在跌势后期出现可能代表股价会出现反弹，想要投资入手还要仔细观察上下影线的长短。

4.光头光脚大阳线应该是形势最明确的图形，代表买家攻势不断，股价迅速上升。

第二节 关键处的大阳线

» **形态识别**

（1）大阳线出现在股市中有一个重要的作用，就是预示着股价将突破前期趋势，即具备突破性质。

（2）突破性的大阳线通常出现在行情上涨或下跌中，甚至是横盘状态。

（3）大阳线出现的位置不同，后市股价的走向也就不同。

» **应对策略**

（1）在一段上涨行情中出现突破大阳线，通常具有助涨的作用，投资者可以根据实际的行情进行加仓或者进入。

（2）行情长期下跌之后，常常会在底部震荡一段时间，随后股价整理后触底反弹，此时如果出现突破大阳线相当于吹起了反攻的号角。

（3）无论是在涨势中还是在跌势中都可能会出现假突破大阳线，投资者一定要提高警惕，以避免更大的经济损失。

（4）判断突破大阳线性质，一定要仔细确认后再做出对策，必要的时候结合其他的技术指标一同进行分析，更能增加结果的可信度。

1. 涨势中的突破大阳线

▶基础速读

股市中阳线阴线更迭不定、层出不穷，如果每一条都逐个分析、研究实在是费时费力，与其乱枪打鸟，不如重点突破、有所侧重。首先，为大家介绍一个很有代表性的关键阳线点位，即涨势中的突破阳线。每只股票在不同的时间内都会有一条属于它的压力线阻挡着股价的攀升，这时能够突破压力线的阳线就能带给我们很多的信息，投资者可以根据这条阳线进行一系列的观察和判断。

▶实盘精解

兖州煤业（股票代码：600188）在2016年年末经历了一段持续的下跌。在2017年年初曾多次蓄力上涨，但始终无法冲破压力线进入涨势，直到6月26日奋力一搏，终于以一条穿头破脚大阳线冲破阻力，打破了僵局（如图1-11所示）。

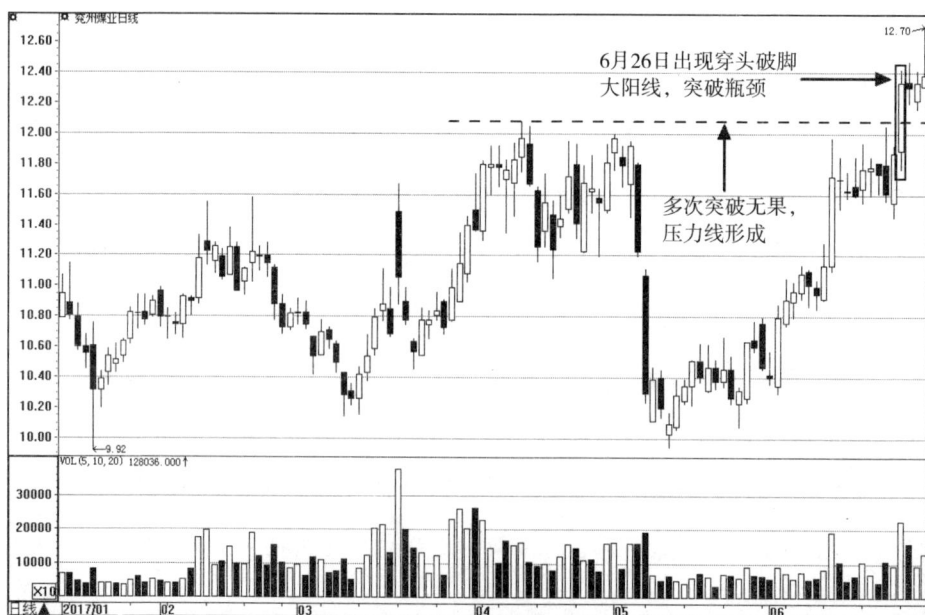

图1-11 2017年1月至6月兖州煤业K线图

　　兖州煤业的股价在2017年上半年一直受到压力线的阻碍，无法进入长期的涨势。6月26日的这次突破显然不是偶然发生的，而是有备而来。经过蓄力后的冲刺，并且有着成交量的支持，兖州煤业终于可以一扫颓势（如图1-12所示）。

图1-12　2017年4月至7月兖州煤业K线图

　　兖州煤业在突破压力线后果然开始了涨势，股价震荡上升，已由低谷时的9.95元上涨至14.96元。就在局面一片大好时，7月21日收出一根光脚阳线，它的上影线突破天际，代表股价有很严重的回落现象，难道该股在短暂的回暖之后就要再次跌落谷底吗（如图1-13所示）？

图1-13 2017年5月至8月兖州煤业K线图

在图1-13中我们可以很清楚地看到，兖州煤业在7月24日股价转涨为跌，并开始了持续的回落。但股价在下跌至压力线位置时却停住了脚步，之前一度被投资者厌恶的压力线摇身一变成为股价的支撑线，使股价不再跌回谷底，给了兖州煤业下一次上涨的可能（如图1-14所示）。

兖州煤业股价在8月15日至8月24日期间多次下跌至支撑线附近，但都被支撑线强力撑托，跌势没有进一步扩大。而支撑线的可靠有力也给持股人吃了一颗定心丸，随后股价开始了第二轮的持续上涨，成交量也逐渐放大。

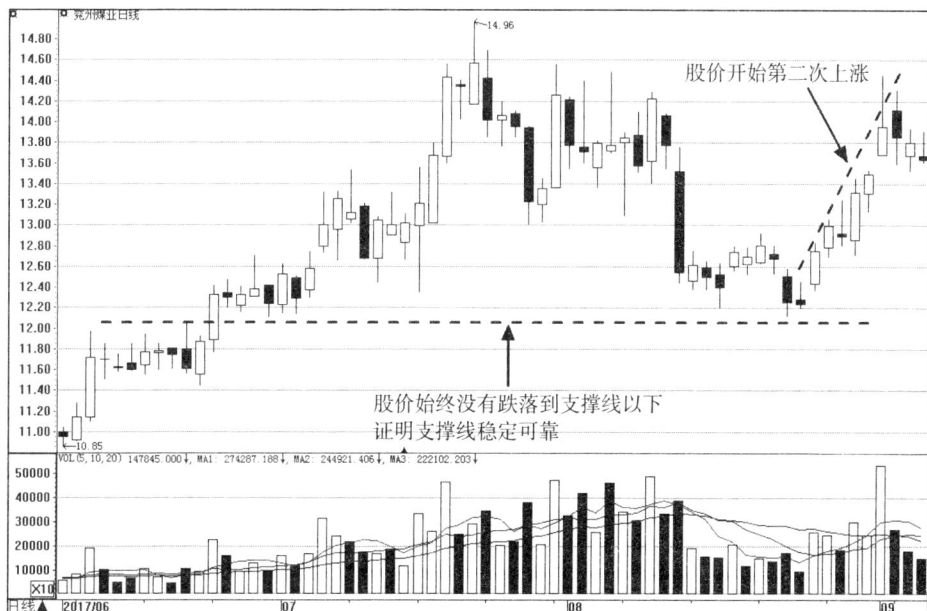

图1-14 2017年6月至9月兖州煤业K线图

2. 涨势中的假突破大阳线

▶**基础速读**

并不是说只要股价突破了压力线都会迎来一波涨势。很多时候突破压力线的是一根假突破大阳线，如果这时没有发现其中的端倪，没有及时卖出股票甚至还建仓、增仓，就会被后续的跌势牢牢套住，损失利益。

▶**实盘精解**

赣粤高速（股票代码：600269）在2017年前半年一直处于缓慢的涨势中，两次触及压力线而无法越雷池一步，随后股价回落，进入蓄力阶段。但7月24日突然放量上涨，一根突破天际的穿头破脚大阳线直接强势突破了压力线，长时间的平静似乎要被打破了（如图1-15所示）。

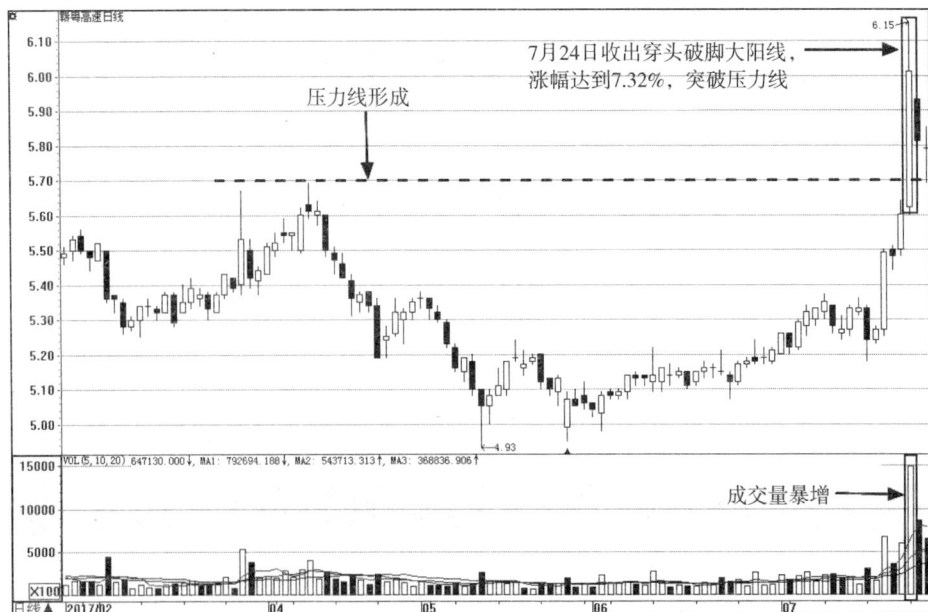

图1-15　2017年2月至7月赣粤高速K线图

　　赣粤高速这一次突然冲破压力线不知道引起多少投资者的介入。但很多人没有发现的是，这一次的突破形势与以往的有所不同，赣粤高速只用了四个交易日的时间就从低谷突破了压力线，股价几乎呈跳空形势上涨，而且7月24日的这根穿头破脚大阳线也颇有些鹤立鸡群的味道，与其他阳线格格不入（如图1-16所示）。

　　过于快速的股价上涨和7月24日长长的上影线使赣粤高速这一次的股价突破无法进入涨势，股价反而迅速回落，支撑线失效。这一根假突破大阳线不知骗过了多少投资者的双眼，不知使多少股民的利益受损。所以，当股价突破压力线时不能盲目介入，应仔细分析或者以观后效，方能确保准确投资。

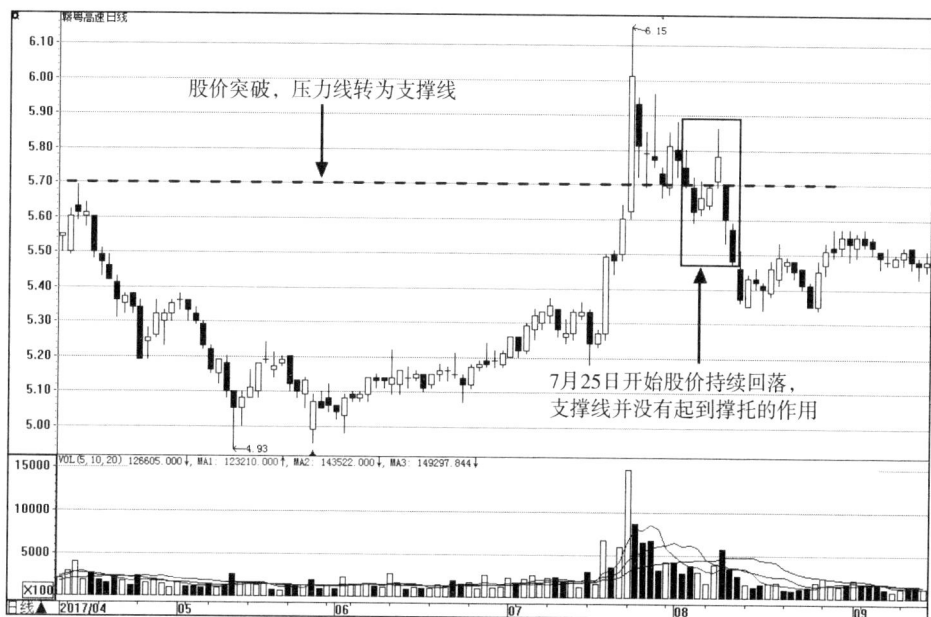

图1-16　2017年4月至9月赣粤高速K线图

3. 跌势中的突破大阳线

▶ **基础速读**

股票在任何走势中都存在获利机会，跌势中也不例外。股价持续下跌后通常都会在底部震荡，经过整理后触底反弹，开始回升，而这时的突破大阳线相当于吹起了反攻的号角，非常有参考价值。

▶ **实盘精解**

华微电子（股票代码：600360）在2017年前半年走势不佳，股价持续走低，5月甚至坠入谷底，每股仅为6.50元。但天无绝人之路，该股在2017年6月触底反弹，股价开始逐渐回暖，但被压力线牢牢压制。经过数次尝试后，9月4日股价低开高走，终于以一根穿头破脚大阳线穿过压力线（如图1-17所示）。

图1-17　2017年3月至9月华微电子K线图

可以看出华微电子可谓韧性十足，在多次被压力线阻挡后依然寻求突破机会。经过7月、8月的整理后终于再次扬帆起航，开始了进攻的脚步。而这一次的攻势不急不躁，股价温和上涨，加上有成交量的配合，终于在9月4日突破了压力线，后市看好（如图1-18所示）。

华微电子这一次的发力可谓是有惊无险。股价在9月4日突破压力线后，在下一个交易日止步不前，甚至有所回落，幸亏被支撑线强有力地托住。在测试支撑线后，9月6日股价跳空上涨，后续更是一发而不可收，在成交量的配合下终于进入涨势。

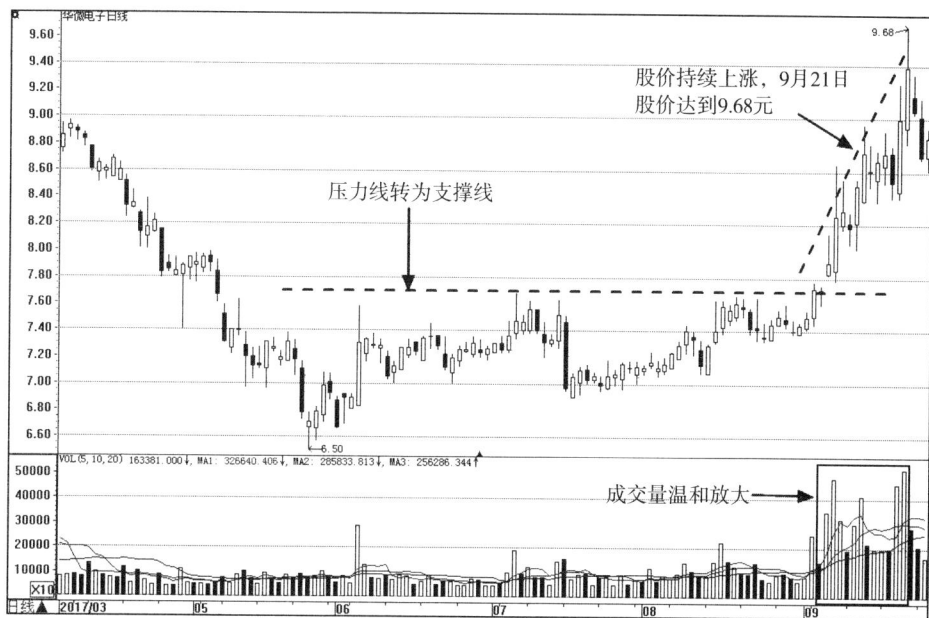

图1-18 2017年3月至9月华微电子K线图

4. 跌势中的假突破大阳线

▶基础速读

不光在涨势中存在假突破大阳线，跌势中这样的情况更是层出不穷。当一只个股想要在跌势中转守为攻但后劲不足或者有庄家进行操盘时，都很有可能使已经突破压力线的股价再度进入颓势。

▶实盘精解

供销大集（股票代码：000564）在2017年前半年股价整体呈下跌形势，虽然组织过多次反扑，但始终无法改变股价的颓势。2017年7月，供销大集股价在谷底徘徊了一月有余后，开始了连续的上涨，不知能否借机转变命运

（如图1-19所示）。

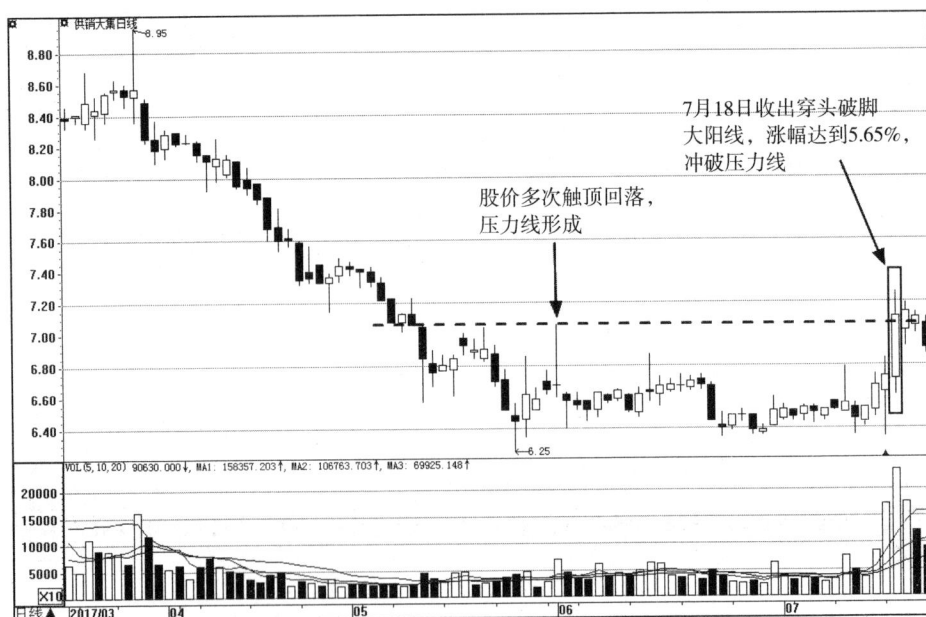

图1-19 2017年3月至7月供销大集K线图

在图1-19中我们可以看到，供销大集股价在跌势中曾多次寻求机会，但都被压力线挡住了攻势，甚至下跌至6.25元的谷底价格。经过一段时间的整理，从7月14日开始连续四个交易日以阳线收尾，7月18日更是一举突破了压力线，但与周遭格格不入的这根穿头破脚大阳线真的能带领供销大集进入涨势吗？

7月18日这根穿头破脚大阳线虽然冲破了压力线，但长长的上影线证明了涨势已经疲软，无力再攀高峰（如图1-20所示）。同时成交量并不是温和地增长，而是猛然暴增，这证明此次股价上涨背后很可能存在着庄家主力的身影，这根假突破大阳线最终暗淡离场，股价开始持续下跌。

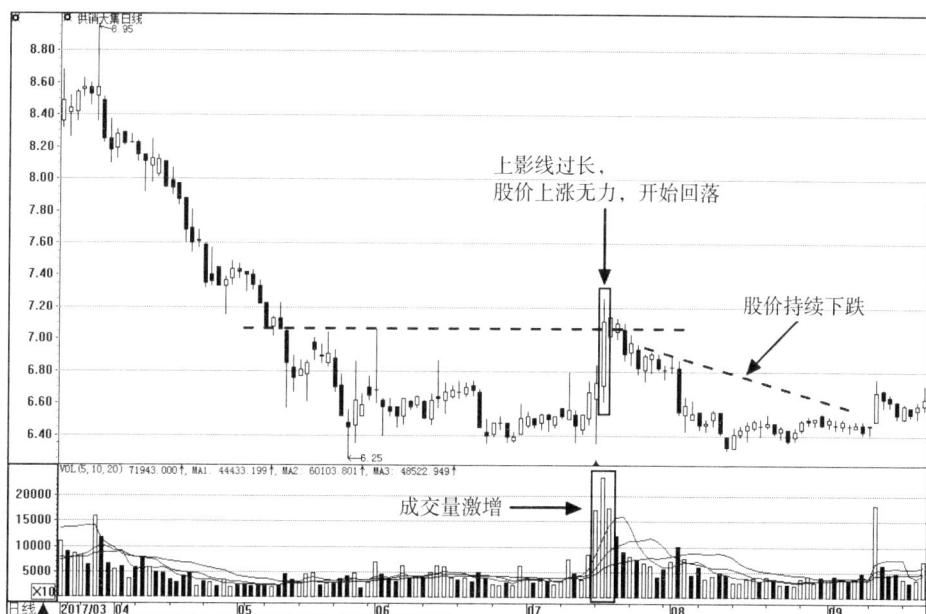

图1-20 2017年3月至9月供销大集K线图

5. 横盘走势中的突破大阳线

▶ 基础速读

在个股的起起伏伏中，略显平静的横盘走势总是被人们所忽略，它没有涨势那么让人兴致勃勃，也不像跌势那么让人患得患失。但横盘走势不可能一直持续，如果能先人一步判断出横盘的后续走势，自然可以获利或者规避风险，下面就和大家分享一下横盘走势中的突破大阳线。

▶ 实盘精解

南华生物（股票代码：000504）在2016年5月至2017年5月股价一直呈横盘发展形势，在激烈的股市中可谓平淡无奇，实在无法引起投资者的兴趣。

但横盘的走势不可能一直持续下去，就在2017年5月该股终于激起了浪花，重新回到股民的视野中（如图1-21所示）。

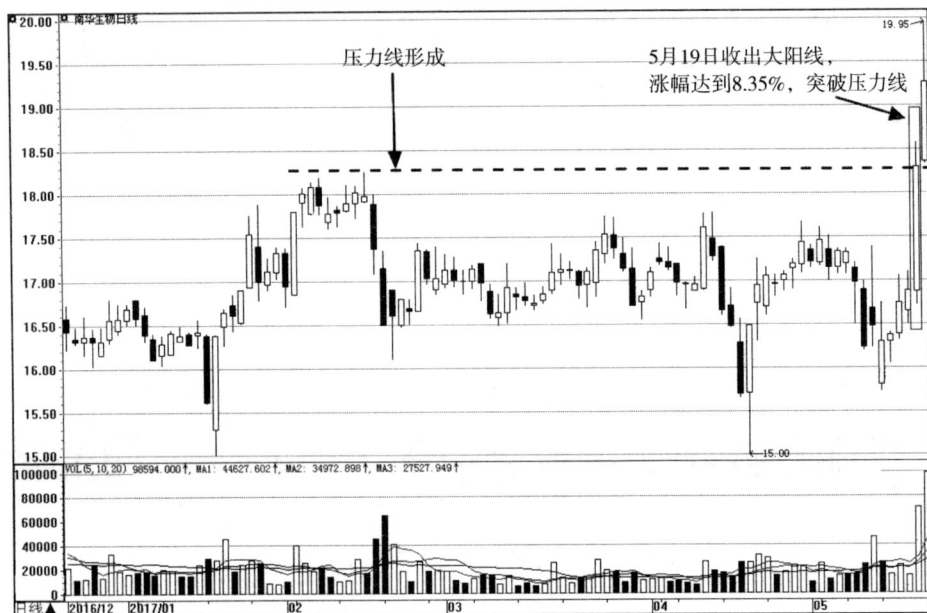

图1-21 2016年12月至2017年5月南华生物K线图

南华生物在经历了一年的横盘走势后，终于回到股市起起伏伏的主旋律中。在数次对压力线发起攻势失败后，5月19日终于以一根穿头破脚大阳线打破僵局，以8.35%的涨幅强势冲破压力线的封锁，仿佛要重新开始征程（如图1-22所示）。

南华生物在5月19日突破压力线，虽然随后几个交易日中有股价回落的现象，但始终没有跌至支撑线以下。成交量的持续增加也进一步巩固了南华生物这一阶段的涨势，股价由横盘阶段的14.91元一跃达到22.93元，成绩斐然。

图1-22　2016年11月至2017年6月南华生物K线图

※ 高手如是说

1.无论股票在什么走势中，具有突破性质的大阳线对投资者都有很大的参考价值。但突破大阳线不代表股价就一定会进入涨势，想要投资还要进行全盘的仔细分析和判断。宏观经济、大盘走势、行业政策和成交量的配合都是至关重要的判断因素。

2.建议提前策划好观察的时间和入手的时间，防止假突破大阳线的干扰，并且设置好止损位和止盈位，让每一次入市投资都更加理性、更加准确。如果能够掌握突破大阳线，无疑可以使我们先人一步发现投资机会，早早做出准备，观察好战场的情况，打有准备之仗。

第三节 提速大阳线

» 形态识别

（1）提速大阳线通常出现在一段涨势中。

（2）顾名思义，提速大阳线出现之后行情一般都会出现大幅度的上涨。

（3）提速大阳线出现之前，股价虽然处于上涨走势，但其上涨幅度相对比较平稳，而在提速大阳线出现之后，股价上涨幅度会更加明显。

（4）若提速大阳线出现的同时配合成交量的放大，那么后市股价上涨的可信度会更高。

» 应对策略

（1）通常情况下，加速大阳线出现，股价在短期内可能会大幅度升高。

（2）若是在股价跌势的末尾部位出现提速大阳线，可能为行情见底，后市股价将迎来新一波走势，投资者一定要密切关注。

（3）涨势中出现提速大阳线意味着后市股价可能会迎来大涨，但同时也要注意该加速大阳线可能为见顶信号。

1. 跌势尾声的提速大阳线

▶ **基础速读**

提速大阳线就是指股价出现突然的迅猛增长，这种情况可能预示着一段跌势的结束。提速大阳线出现之前，股票通常在一段时间内走势偏于稳定，不会出现太大的波澜。直到提速大阳线的出现宣告着个股走势将迈入新的节奏，这对投资者的分析判断有很大的帮助。

▶ **实盘精解**

深圳华强（股票代码：000062）于2017年4月陷入跌势，持续下跌的股价也使众投资者望而却步，更有越来越多的该股持有者抛售离场，避免损失加大。而这时，一根修长的光脚大阳线挺身而出，但不知能否使深圳华强的股价焕发生机，昂首向上（如图1-23所示）。

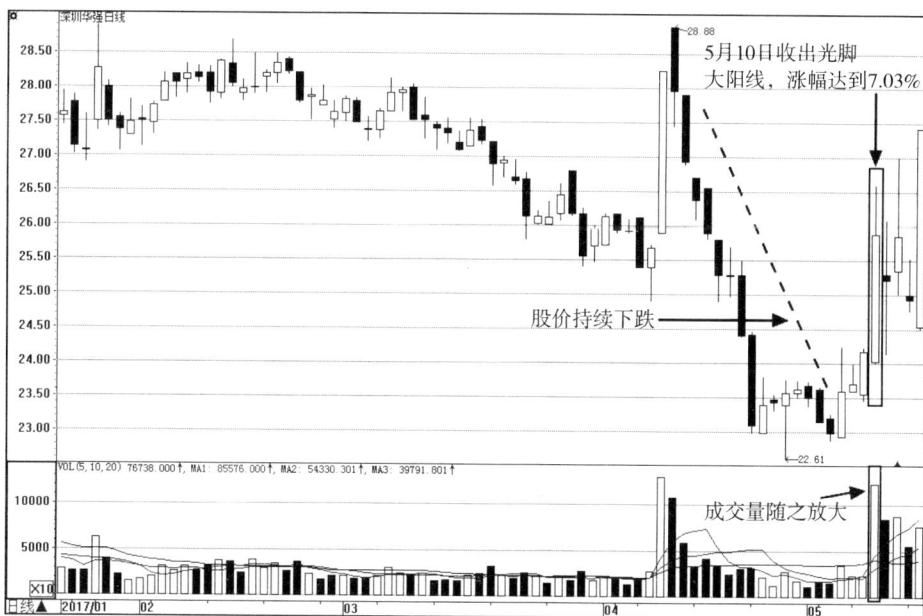

图1-23　2017年1月至5月深圳华强K线图

深圳华强经过4月份的持续下跌后，股价在底部开始进行整理。在5月10日突然收出光脚大阳线，涨幅达到7.03%，巨大的涨幅显然加快了该股的走势，而相应提升的巨额成交量也让后市的股价不得不发生变化（如图1-24所示）。

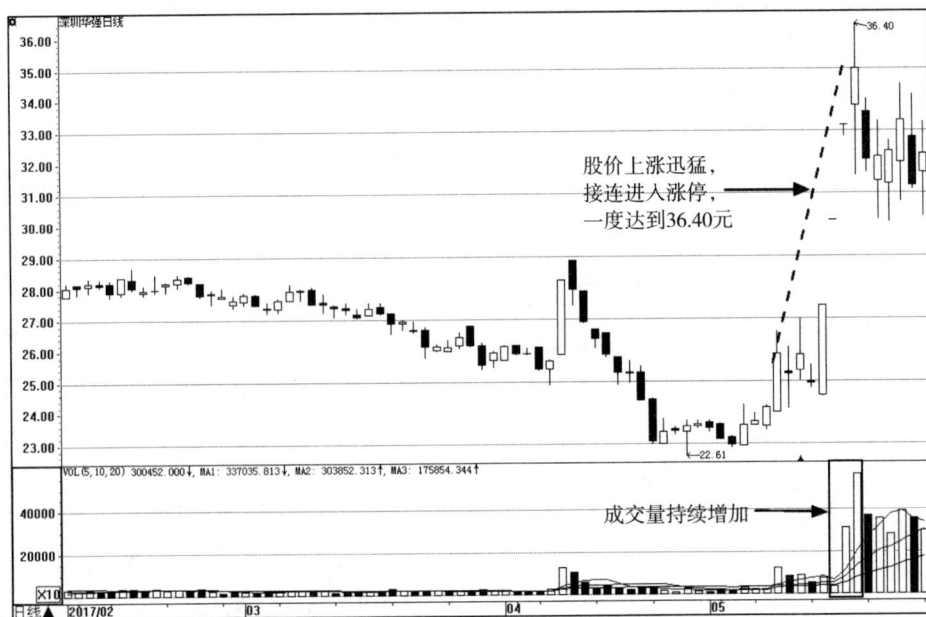

图1-24　2017年2月至5月深圳华强K线图

深圳华强在5月10日出现提速大阳线后，股价持续迅猛上涨，甚至接连进入涨停。短短几个交易日过后，股价就由低谷时的22.61元上涨至36.40元的高峰。由此可见，提速大阳线出现在跌势后期，很有可能预示着股价走势即将反转，并且上涨势头迅猛，如果不能提前分析判断，就很有可能错过获利的最好时机。

2. 涨势中的提速大阳线

▶ **基础速读**

跌势末期的提速大阳线可能预示着股价即将进入涨势，而已经处于涨势时出现提速大阳线，则很有可能代表该股的涨势即将有明显的加速，进入到下一个更加迅猛、更加激进的上涨阶段中。

▶ **实盘精解**

中兴通讯（股票代码：000063）在2017年上半年可谓变故频出，在3月7日因受到重大处罚而临时停牌，随后董事长之位发生变动。在3月16日复盘，重新扬帆起航，股价跳空上涨进入涨停，并开始了一段涨势（如图1-25所示）。

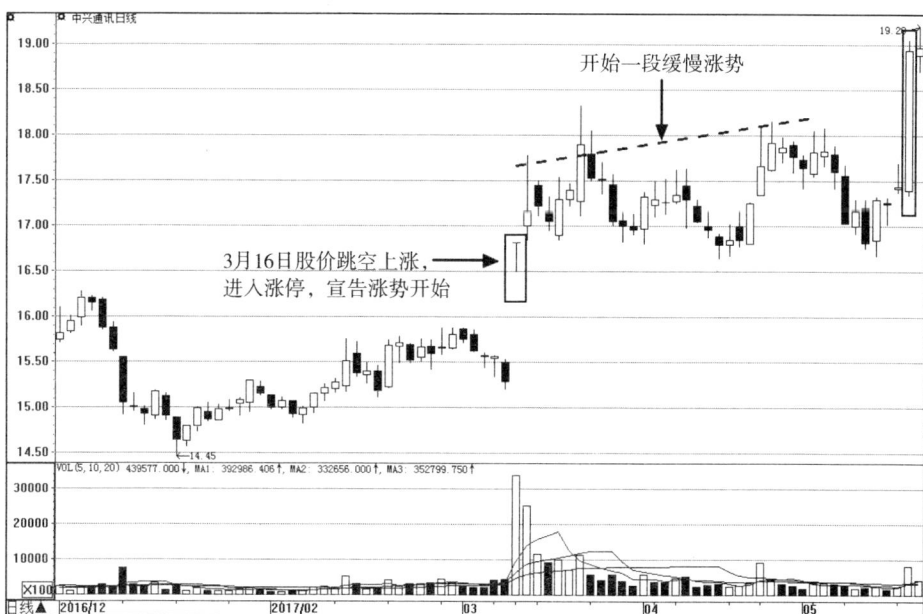

图1-25　2016年12月至2017年5月中兴通讯K线图

中兴通讯虽然于3月16日开始进入涨势，但涨势十分缓慢，甚至出现多次回落的现象。经过两个月的时间股价也没有很明显的增长，但5月16日中兴通讯突然收出一根大阳线，这根大阳线有如鹤立鸡群，直冲天际，不知能否改变该股在涨势中的疲态（如图1-26所示）。

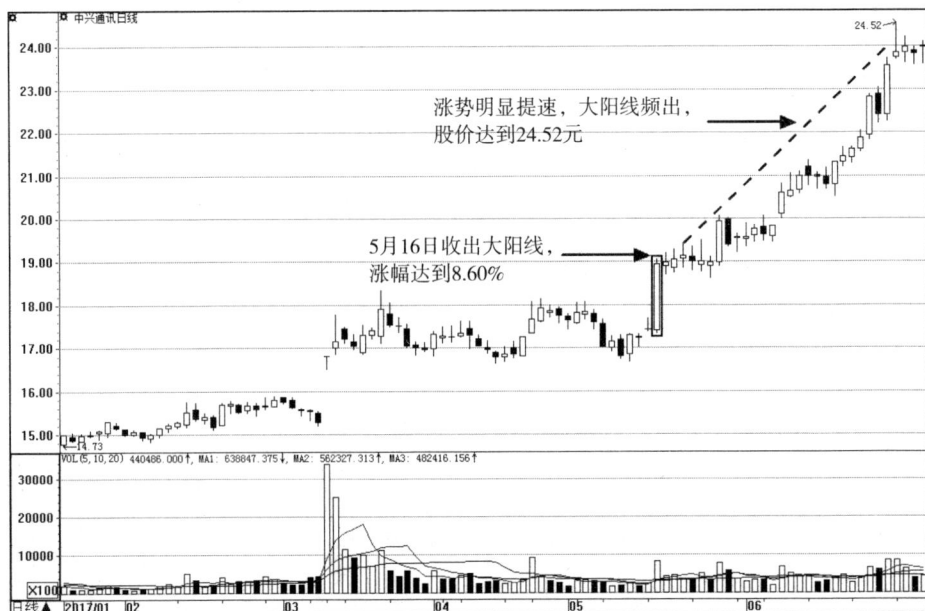

图1-26 2017年1月至6月中兴通讯K线图

中兴通讯5月16日收出的这根大阳线果然提升了股价的上涨速度。在接下来的一个多月中股价飞速上涨，频繁收出阳线。股价更是由5月15日的17.44元上涨至6月26日的24.52元，可谓突飞猛进。

※ 高手如是说

1.加速大阳线顾名思义就是加速股价变化的进程。它的出现通常会使股价在短时间内猛烈地上涨，所以大多出现在涨势中。但需要注意的是，如果在一段涨势的末期出现加速大阳线，也有可能是回光返照，是最后的挣扎。

2.由于加速大阳线具有预示股票走势变化的特性，所以备受投资者们的关注和喜爱。但投资者切忌因为加速大阳线的出现就盲目投资入市。在股市中，任何的投资判断都应该经过缜密分析、持续观察后方可做出。如果冲动投资，即使是投资出现加速大阳线的股票也可能使投资失败，资金受损。

第四节　低谷大阳线

》 形态识别

（1）出现在低谷中的大阳线可能是触底性质的大阳线。

（2）低谷大阳线常常出现在一段下跌走势的尾部，也会出现在一段明显的上涨行情中。

（3）判断是否为低谷中的大阳线，投资者一定要经过几个交易日的确认判断行情是否真正属于低谷。

》 应对策略

（1）当股价长期处于下降趋势时，运行到底部位置后出现触底大阳线，就要判断该大阳线是否触底，若确认为触底性质的低谷大阳线，就意味着后市行情将由跌势转为涨势。

（2）上涨趋势中同样可以出现低谷大阳线，股价在上涨的过程中总会出现回落，在行情小幅度回落的过程中出现触底大阳线通常有助涨的作用。

（3）在上涨或者下跌行情中出现假低谷反转大阳线，后市行情将不容乐观，投资者一定要小心应对，不要轻易介入。

1. 跌势中的低谷大阳线

▶ **基础速读**

当个股陷入跌势，股价已经处于谷底时，有可能很快触底反弹，也可能会有很长一段时间的整理阶段。如果投资者没有判断出股价回升的时间就早早建仓入手，只会浪费宝贵的精力与时间，错过其他的投资机会。所以，此节就为大家解析一下股价在低谷即将回升的标志——低谷大阳线。

▶ **实盘精解**

万泽股份（股票代码：000534）在2017年3月陷入跌势，在接下来的两个月中频频收出阴线，股价更是一落千丈。从5月4日开始，更是连续四个交易日收出阴线，四连阴的股价使该股的前景更加渺茫（如图1-27所示）。

图1-27　2017年1月至5月万泽股份K线图

　　万泽股份自5月4日开始走出四连阴的走势，否极泰来，连续下跌的股价仿佛已触及此轮跌势的底部。5月10日一根光脚大阳线应时而出，这一根低谷中的大阳线可能预示着股价即将反弹（如图1-28所示）。

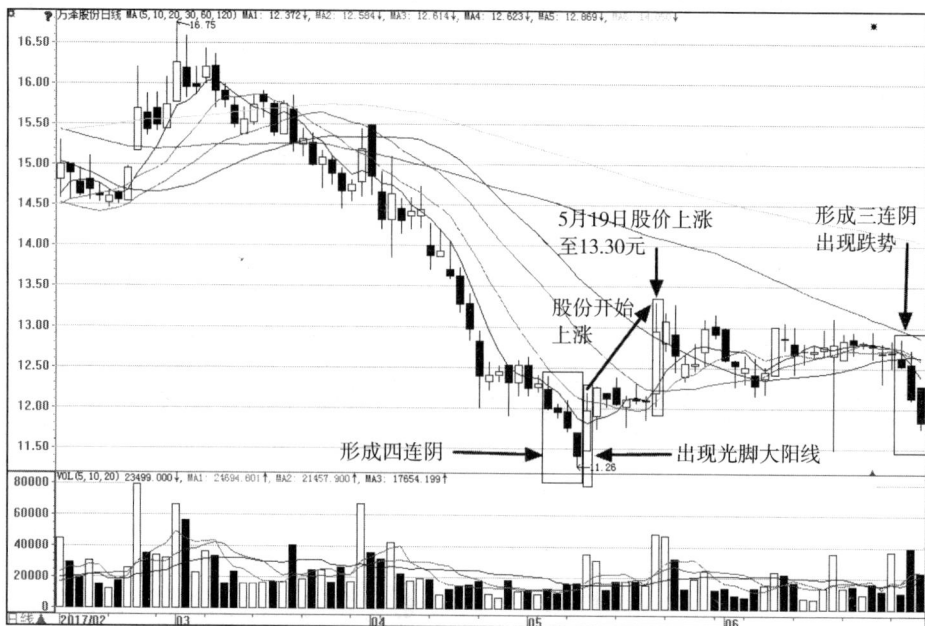

图1-28　2017年3月至6月万泽股份K线图

　　在股市中，涨久必跌、跌久必涨才是常态。万泽股份在股价处于底部时收出大阳线，加上成交量的配合，果然形成了一波反扑。如果投资者能够抓住这次机会短线操作，在5月19日股价达到13.30元时卖出，就可小赚一笔。当然也会有一部分投资者选择继续持有，等待股价进一步的攀升，但形势不尽如人愿，该股在小有回升后进入横盘走势，在6月27日开始更是连续收出三条阴线，让投资者们不知道该何去何从（如图1-29所示）。

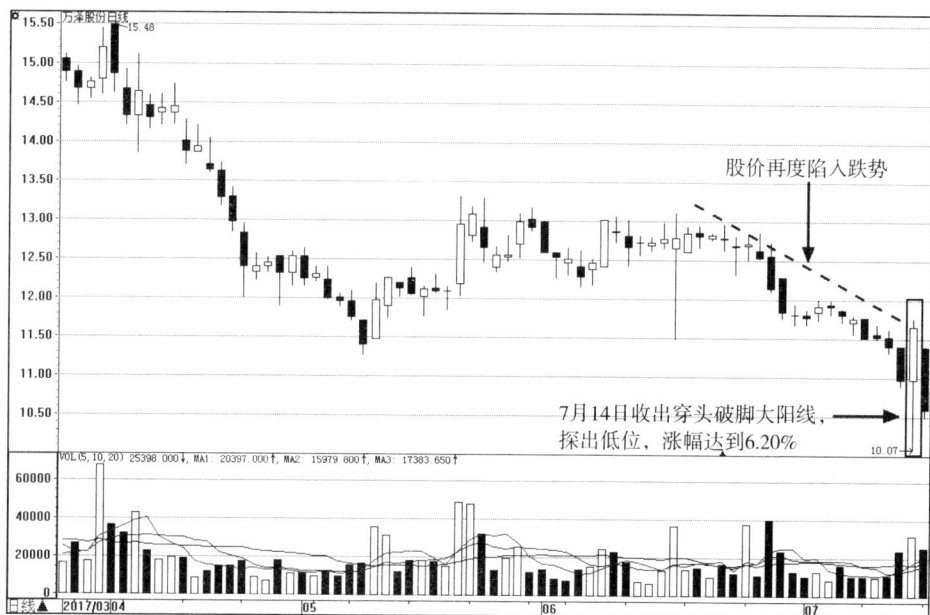

图1-29 2017年3月至7月万泽股份K线图

万泽股份在2017年6月再一次陷入跌势后，7月14日再度收出大阳线。这根穿头破脚大阳线成功探出底部价位，转头昂扬向上而去，最终以6.20%的涨幅结束了当天的征程，这一次万泽股份是否能继续前一次的反弹剧情呢？

万泽股份在7月14日再度出现低谷中的大阳线后，接下来的走势足以令持股者们欣喜。频繁的阳线、稳定的发展成为该股接下来的主旋律。在8月蓄力完毕后，9月更是出现跳空上涨的大阳线，股价对比低谷时的10.07元已经达到16.65元的高峰（如图1-30所示）。

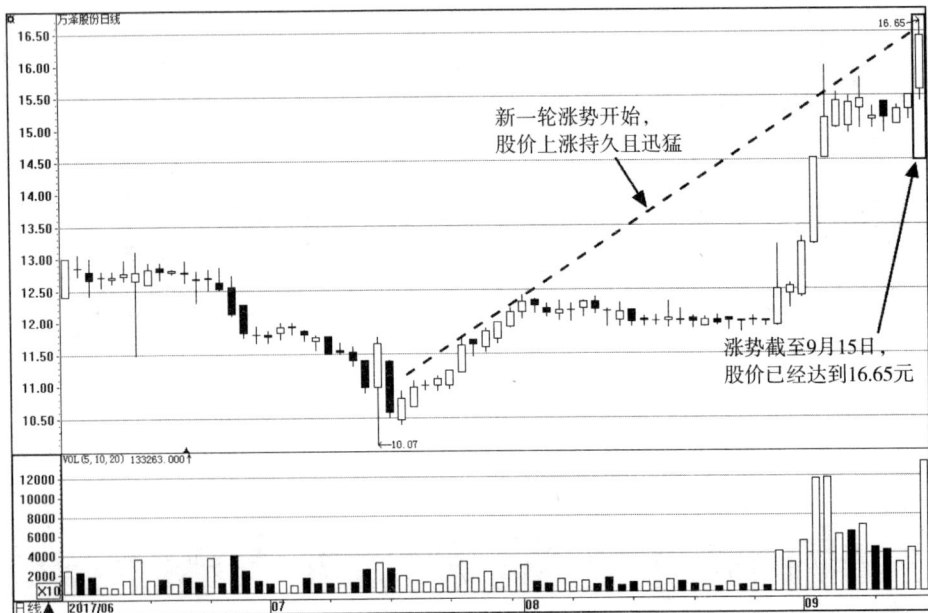

图1-30 2017年6月至9月万泽股份K线图

2.跌势中的假低谷反转大阳线

▶基础速读

股市中没有绝对的跌，也不会有肯定的涨。在低谷中股价即使收出大阳线，也不能代表股价一定会发生反转。很多在低谷中的大阳线被投资者们误认为具有反转性质，如果此时贸然建仓入市，很容易被接下来新一轮的跌势套牢，经济受到损失。

▶实盘精解

神州信息（股票代码：000555）在2016年下半年至2017年上半年间发展十分不顺遂。股价长时间下跌，仿佛永无翻身之日。不知有多少投资者惨淡离场，也不知道有多少持股人被牢牢套住，无法逃出生天（如图1-31所示）。

图1-31 2016年7月至12月神州信息K线图

神州信息在经过漫长的股价持续下跌后，2016年12月15日突然发力，股价迅猛增长，拉出光头大阳线，甚至进入涨停，成交量也有显著增加。在股价低谷时出现的这根大阳线究竟能否一扫之前的颓势，反转下跌的走势呢？

股民们常说，股价没有最低，只有更低，这句话放在2017年上半年神州信息的身上恰到好处。12月15日的大阳线并不能逆转该股的颓势，在接下来的两个交易日中，收出两根跳空阴线，股价急转直下，成交量也相继萎靡（如图1-32所示）。而后续下跌的股价也证明了这根低谷时的阳线并没有具备逆转股价的属性。

图1-32　2016年12月至2017年5月神州信息K线图

3. 涨势中的低谷大阳线

▶ **基础速读**

　　股价处在涨势中时一样会有回落的现象，在股价回落时出现大阳线则代表着股价即将回到涨势，继续向高处攀升。如果投资者能发现这个机会低价买入，便可搭上这一班涨势的顺风车，将利益最大化。

▶ **实盘精解**

　　绵石投资（股票代码：000609）自2016年起走势就良好，股价一直在持续稳定地上涨。越来越多的投资者也将目光投向该股，纷纷建仓入手。想要中途搭上这班获利顺风车的股民如何才能将利益最大化、风险最小化呢？2016年

12月的股价回落中仿佛蕴藏着机会。

图1-33 2016年6月至12月绵石投资K线图

在股市中获利，无非就是低买高卖，想要趁绵石投资在涨势时从中获利，就要找到涨势中的低点。这样不仅能将利益最大化，还能规避风险，防止股价下跌时利益受损。该股在2016年12月股价发生大幅度回落，但这并不是入手的最好时机，一定要确定股价继续在涨势之中，12月7日股价探底反弹，收出穿头破脚大阳线，入场机会出现（如图1-33所示）。

在图1-34中我们可以看出绵石投资果然后劲十足，自12月7日起，连续的五根阳线直接弥补了之前下跌的股价。随后涨势继续，截止到2017年3月8日股价已经上涨至20.88元。相信在股价低谷反弹时入手的朋友们一定收获颇丰。

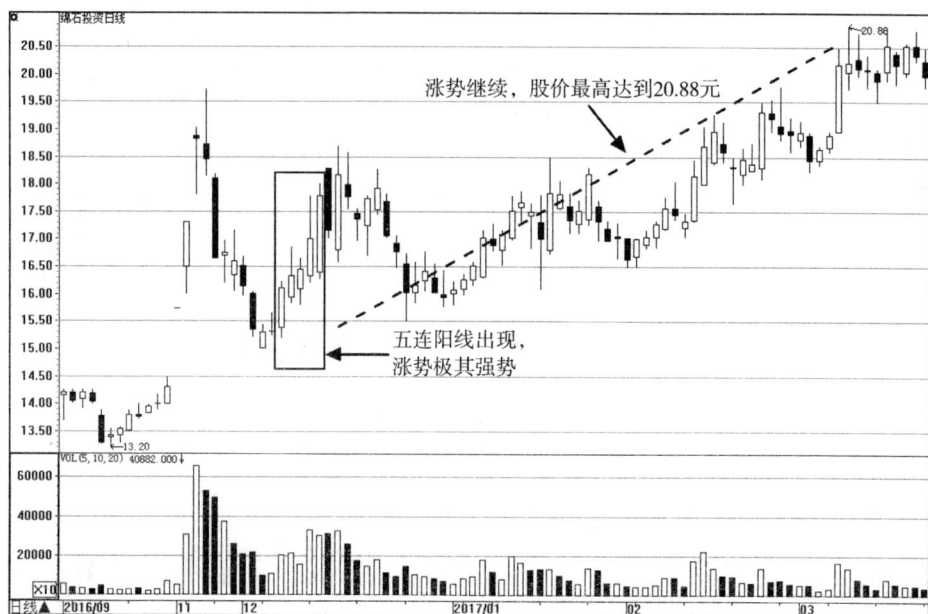

图1-34 2016年9月至2017年3月绵石投资K线图

4. 涨势中的假低谷反转大阳线

▶基础速读

在变化万千的股市中，没有人可以准确地预测涨势或跌势的开始和结束时间。所以在涨势中股价回落时的大阳线有可能是宣告下一段涨势的开始，也有可能是涨势最后的挣扎，代表跌势的开始。

▶实盘精解

京汉股份（股票代码：000615）在2017年第一季度走势十分平稳，虽处于稳定的涨势中，但股价上涨缓慢，始终没有猛烈的增长。在长时间蓄力后，4月5日该股突然爆发直接进入涨停，并且势头不断，连续六个交易日直接进入涨停，一时间风头无两（如图1-35所示）。

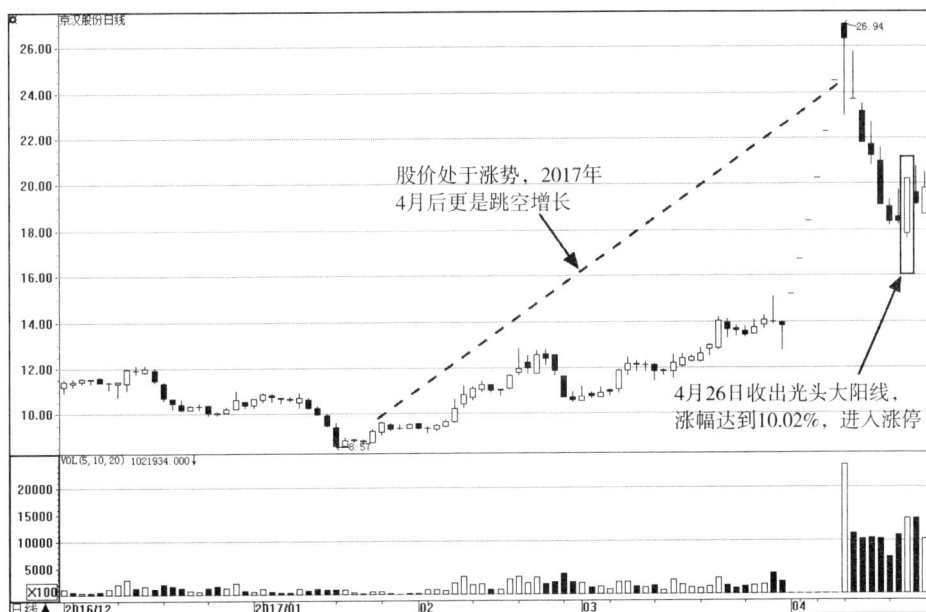

图1-35 2016年12月至2017年4月京汉股份K线图

图中标注：
股价处于涨势，2017年4月后更是跳空增长

4月26日收出光头大阳线，涨幅达到10.02%，进入涨停

　　猛涨常常接下来就是猛跌，京汉股份这一次强劲的涨势也不例外，在连续六个交易日涨停后，股价一度冲高至26.94元，但此后股价便开始回落，连续拉出七根阴线。但接下来，2017年4月26日收出一根光头大阳线止住了跌势，并且再一次进入涨停。在股价处于低谷时拉出大阳线很有可能是第二波涨势的开始，京汉股份这次也能如愿吗？

　　看来幸运女神不会一直站在京汉股份背后，4月26日的大阳线并不能带领股价进入第二波的涨势，反而开始了股价的回落。从图1-36中可以看出，4月26日这根大阳线并没有获得成交量的肯定，成交量逐渐萎靡，股价自然也不能如期上涨。随后该股进入了一段长时间的跌势，股价一度下跌至10.72元。

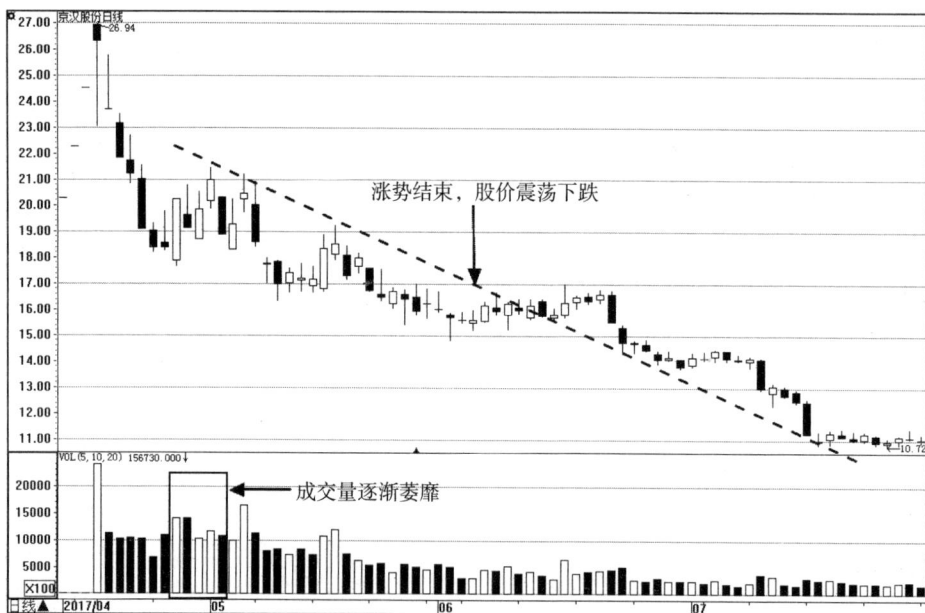

图1-36　2017年4月至7月京汉股份K线图

※ 高手如是说

1.在股价处于低谷时，大阳线想要止住颓势，转变局面，单单靠自己是不够的，还需要成交量的支持与配合。如果成交量变化不大甚至有所减少，那么很有可能这根大阳线并不足以支撑股价进行反弹。

2.无论是处于跌势还是涨势中，投资者想要关注低谷中的大阳线并根据此信息建仓入手，就一定要制订好计划，明确自己的目的，确定入场与离场的时间。如果是保守的投资者，见到低谷大阳线也可以不立即入市，往往具有反转性质的大阳线随后都会拉出阳线，选择此时进场虽然可能会使盈利减少，但可以规避掉一些风险，也可以有更多的时间对个股的局势进行分析和判断。

第五节　见顶大阳线

» 形态识别

（1）见顶大阳线常常出现在涨势中。

（2）出现见顶大阳线，需要经过一个交易日股价的变化才能被确认。

（3）见顶大阳线实体部分越长，其为见顶性质的可能性就越大。

» 应对策略

（1）见顶大阳线的出现通常是股价看跌信号。

（2）若确认出现见顶大阳线，一般应该进行减仓或清仓的操作才能避免更大的经济损失。

（3）通常投资者会选择见顶大阳线出现的当日进行清仓。

（4）与大阴线相比，大阳线发出的看跌信号通常更弱一些。

1. 最常见的见顶大阳线

▶ 基础速读

见顶大阳线顾名思义就是指涨势已达到顶部，无法继续攀升。这时出现探顶的大阳线常常带有迷惑的性质，容易使持股人继续沉浸在涨势中，忽略了危机，等到股价回落才发现自己已经被套牢，悔之晚矣。下面先为大家介绍一下最常见的见顶大阳线。

▶ **实盘精解**

英力特（股票代码：000635）在2016年下半年可谓是风生水起，不光持续处在涨势中，而且涨势越来越迅猛。虽然中途也曾出现过短暂的股价回落，但该股越挫越勇，反弹的势头更胜从前（如图1-37所示）。

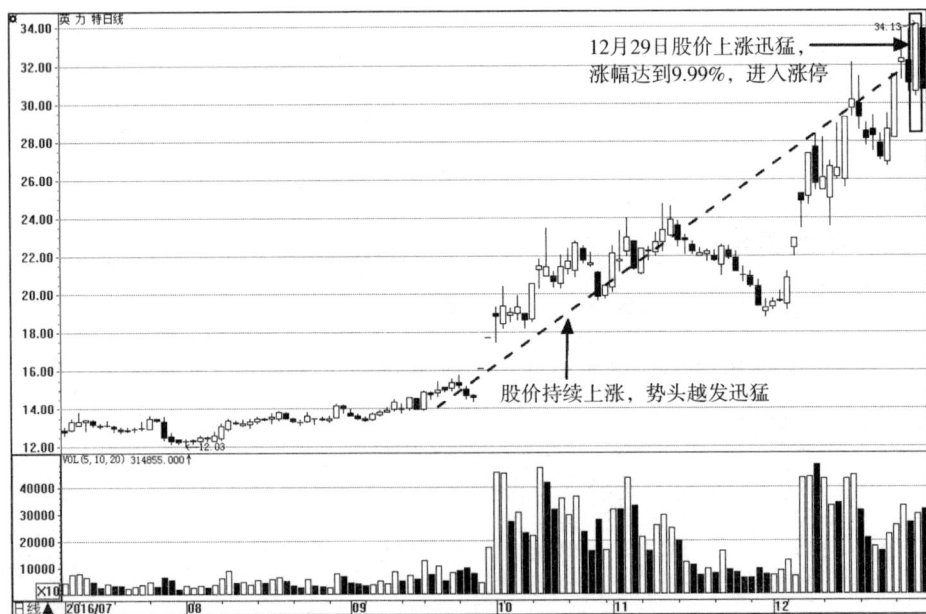

图1-37 2016年7月至12月英力特K线图

在股市中，急涨往往都会伴随着急跌，但在图1-37中我们可以看出这一理论仿佛并未在英力特身上奏效。该股的进攻浪潮一浪高过一浪，12月29日更是收出光头大阳线，直接进入涨停。涨势仿佛永不停止，任何的阻碍都不能使它停下脚步（如图1-38所示）。

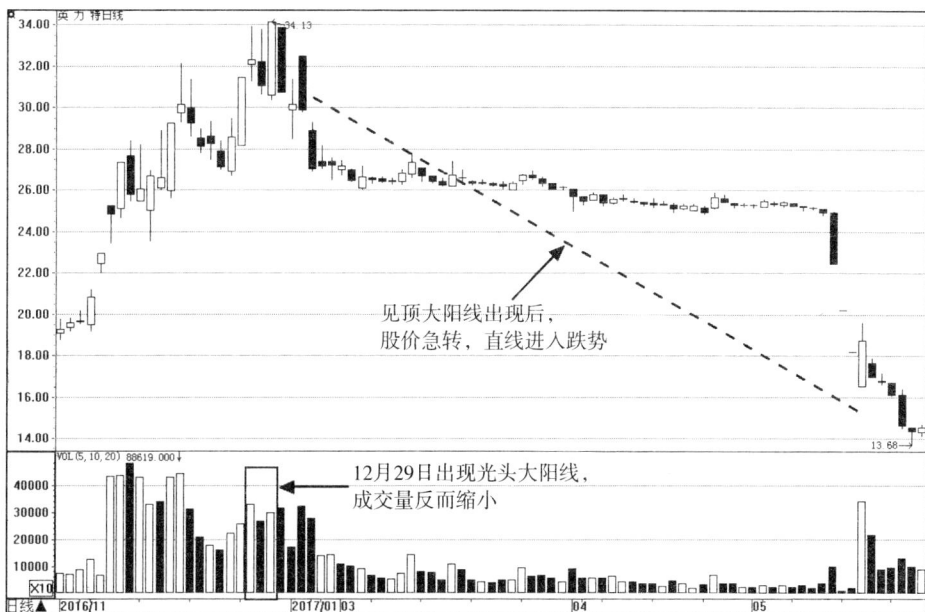

图1-38 2016年11月至2017年5月英力特K线图

　　该来的总会来，没有哪一只股票能逃脱起伏轮换的命运。12月29日的光头大阳线已经是此轮涨势最后的挣扎，随后股价开始持续下跌，大幅度回落。其实在成交量和涨势幅度上就可以看出端倪，12月29日的暴涨并没有使成交量水涨船高，反而令成交量萎靡，而之前的涨势速度太快，这些都是股价即将见顶的信号。

2. 跌宕起伏中的见顶大阳线

▶ **基础速读**

我们会发现股价的走势经常不是处在稳定的涨势或者跌势中，很多时候股价都是震荡起伏或下跌，在跌宕起伏中逐步上涨或下跌。这种走势会对股价后期走势的判断增加难度，所以常常使投资者们感到困惑，做出错误的选择。那么，接下来我们就为大家解析一下股价在震荡走势时的见顶大阳线。

▶ **实盘精解**

普洛药业（股票代码：000739）的股价在2016年下半年一直处于震荡的状态，使众多投资者摸不着头脑。但令持股人欣慰的是，该股在这段时间内始终保持着整体的涨势，虽然出现多次回落，但总算有惊无险（如图1-39所示）。

图1-39　2016年9月至2017年3月普洛药业K线图

在图1-39中我们可以看出，普洛药业2016年下半年的涨势持续到了2017年3月，后劲十足。但3月7日突然收出一根直插云霄的光脚大阳线使人们提高了警惕，这根大阳线与以往的K线显得格格不入，激增的成交量独占鳌头。突然出现的大阳线究竟预示着股价会有怎样的变化呢？

图1-40　2016年11 月至2017年4月普洛药业K线图

3月7日出现的光脚大阳线果然不是意外，普洛药业股价随后开始持续下跌，跌势持续到4月27日，股价仅6.88元，不复昔日之勇（如图1-40所示）。加速出现的大阳线代表着这一段涨势的结束，虽然普洛药业这一段涨势十分长久，但也如强弩之末，不能穿缟矣。

3. 加速震荡中的有上阴影的见顶大阳线

▶ **基础速读**

股价在震荡的走势中常常起伏不定，让人很难判断涨势的始终。但如果震荡的频率突然加速，幅度猛然变大，而且收出一条带着长长上影线的大阳线的话，这根大阳线通常会成为这段涨势的句号，成为见顶大阳线。

▶ **实盘精解**

罗牛山（股票代码：000735）在2016年下半年走势良好，股价震荡走高。其间虽然有多次股价冲高回落，但每次都凭借其傲人的毅力冲破封锁，屡创新高。时间飞逝，一转眼已经来到2016年年底，罗牛山是否能有始有终，给2016年画上一个完美的句号呢（如图1-41所示）？

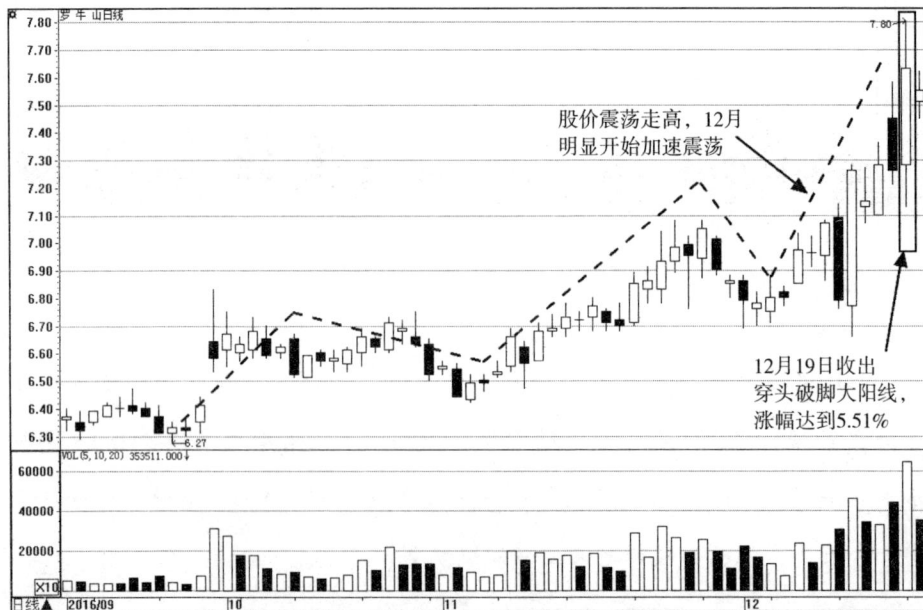

图1-41 2016年9月至12月罗牛山K线图

罗牛山在2016年12月19日收出一条穿头破脚大阳线，涨幅达到5.51%，振幅更是达到了9.23%，可见当日买卖交锋之惨烈，虽然结局以阳线告终，但长长的上影线已经表现出股价的触顶态势。而且在图1-41中不难发现，12月的涨势明显有所提速，很可能有庄家主力在背后操盘。

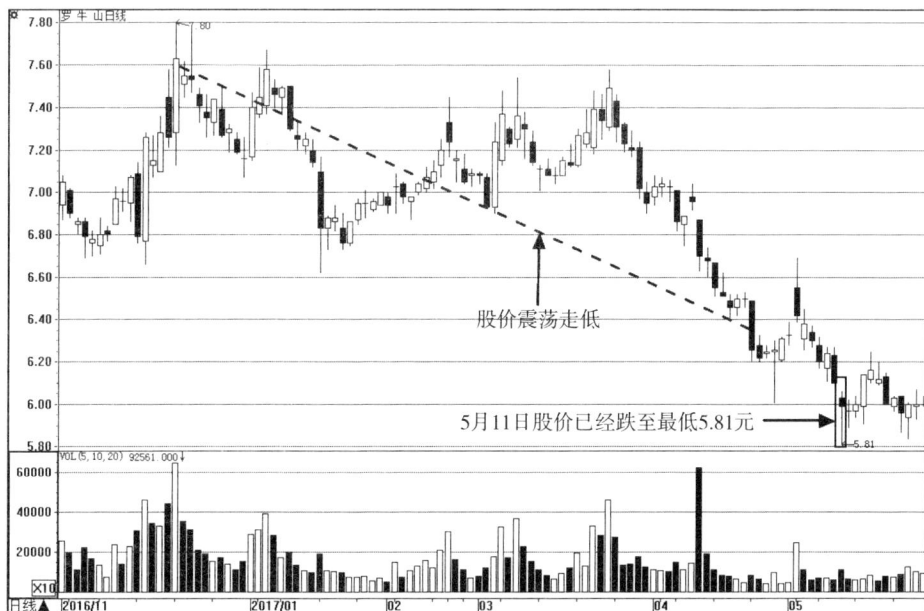

图1-42 2016年11月至2017年5月罗牛山K线图

罗牛山的股价随后果然开始了震荡下跌，虽然有过多次反扑，但总体还是难逃下跌的趋势。跌势持续到2017年5月11日，股价已经下跌到了5.81元（如图1-42所示）。所以，当股价震荡时一定要关注震荡的频率与幅度，一旦出现大阳线一定要重点留意上影线的长度，同时要结合其他的信息和指标判断是否为见顶大阳线，才能保住利润，避免损失。

※ **高手如是说**

1.在各种情况下，不同的见顶大阳线对股民在股市闯荡时的帮助很大，非常值得股民仔细观察和研究。如果能准确判断出什么情况下的大阳线为见顶大阳线，就可以轻松掌握最佳卖点，这相当于给我们的炒股生活设立了一道防火墙。

2.想要判断见顶大阳线的出现，就一定要留意成交量的变化、股价的上涨幅度和大阳线的上影线长短。当然，我们也不能拘泥于此，对大盘的走势、突发事件等也要做到心中有数，才能尽可能做到利益最大化。

3.如果股价处于震荡上涨的状态下，已经达成目标的持股人可以选择遇到大阳线便卖出套现。如果还想要奋力一搏，争取扩大利益，尽量不要在大阳线出现时立刻采取动作，观察后续股价的变化才能准确判断涨势是否还在继续。当然，机会总是伴随着风险，观望的做法有时也会让本来到手的利益又拱手让人。

第六节　普通大阳线

» 形态识别

（1）除了上文中我们提到的四种性质的大阳线，股市走势图中还存在很多普通大阳线。

（2）普通大阳线和上述四种性质的大阳线在形态上是相同的，只是其发出的信号更弱，单独研究的意义较小。

（3）股价处于盘整过程中通常会出现普通大阳线。

» 应对策略

（1）对普通大阳线进行分析，通常要结合整体的趋势。

（2）单独分析普通大阳线并没有太大的价值，只能根据特定的行情进行具体分析。

（3）虽然普通大阳线无法改变股价的方向，但同样具有较大涨幅。

1. 横盘中的高位普通大阳线

▶ **基础速读**

虽然股票整体的走势可能处于横盘中，但股价不可能是一成不变的。在股市起伏中，股价在相对较高位置收出的大阳线被称为高位大阳线。如果这根高位大阳线并不能对股票后续的走势发生影响，则被称为高位普通大阳线。

▶ **实盘精解**

襄阳轴承（股票代码：000678）在2016年11月至2017年4月间持续处于横盘状态。在2016年12月至2017年1月间虽然收出几根大阳线，但对整体走势并无影响，为普通大阳线（如图1-43所示）。

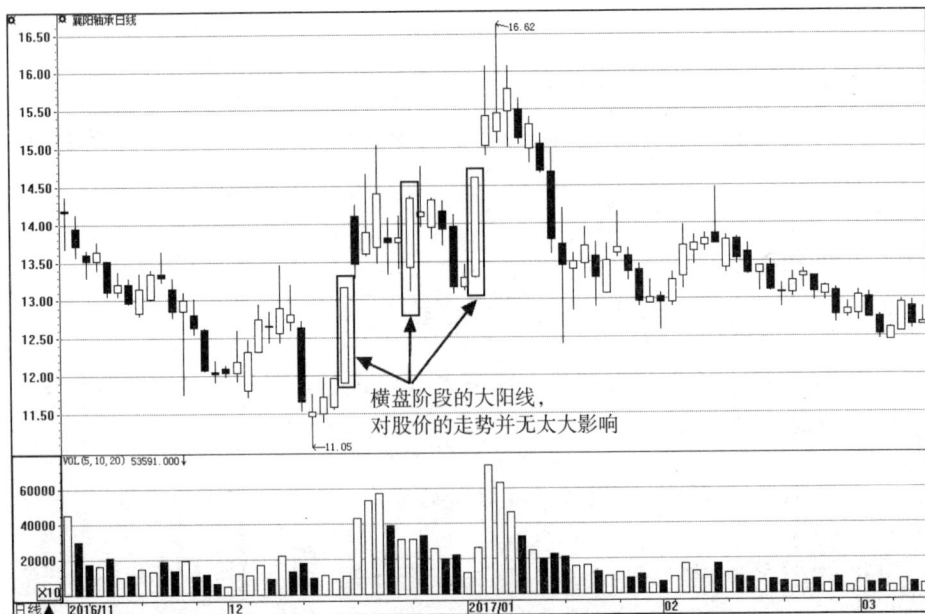

图1-43 2016年11月至2017年3月襄阳轴承K线图

2. 横盘中的低位普通大阳线

▶ 基础速读

与高位普通大阳线的含义相似，股价波动至较低的位置时收出的大阳线被称为低位大阳线。如果这根低位大阳线并不能对该股后期的走势产生影响，则被称为低位普通大阳线。

▶ 实盘精解

东北证券（股票代码：000686）在2017年4、5两个月间股价持续下跌，随后开始进入横盘整顿阶段。在股价处于低谷的这段时间中，东北证券多次出现大阳线，但后期的走势足以证明这几根普通大阳线并不能改变该股的局面（如图1-44所示）。

图1-44 2017年4月至9月东北证券K线图

3. 涨势中的普通大阳线

▶基础速读

当股票整体处于涨势中时，并不是每一根大阳线都会对后期走势产生很大的影响。这些普通大阳线虽然代表着股价发生了不错的涨幅，但并不值得投资者们将过多的精力耗费其中，因为普通大阳线并不具备预示作用。

▶实盘精解

全新好（股票代码：000007）在2016年8月开始了一波涨势，整体向上攀升的股价自然会频频收出大阳线。但我们不难发现，其中很多的大阳线并没有使该股的涨势加快，也没有起到反转局势的作用，为普通大阳线（如图1-45所示）。

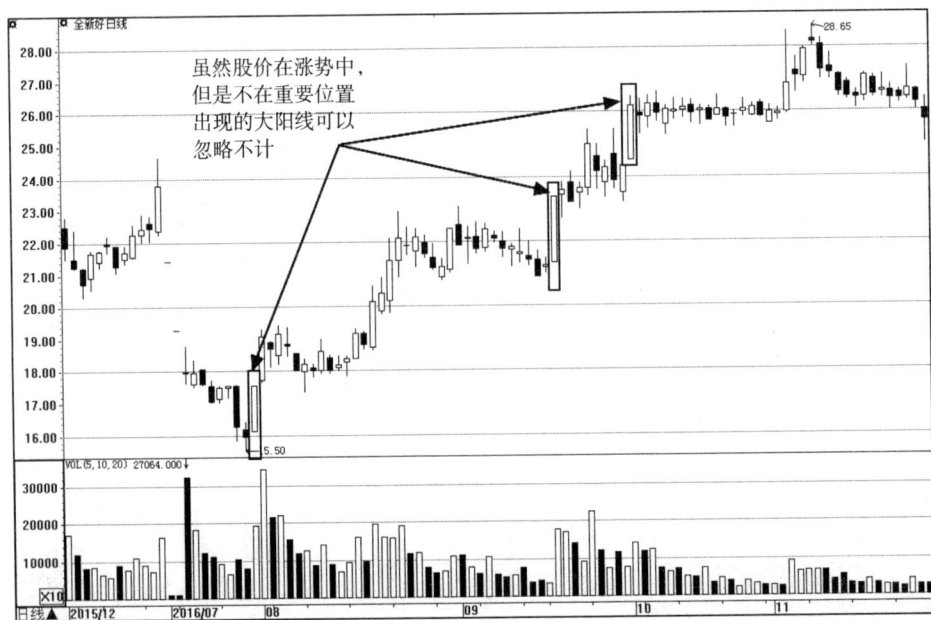

图1-45 2015年12月至2016年11月全新好K线图

4. 跌势中的普通大阳线

▶ **基础速读**

当股票整体处于跌势时，所有持股人都盼望着大阳线的出现。但令人沮丧的是，并不是每一根大阳线都具有逆转局势的能力。在跌势中，普通大阳线通常只能稍微拖慢股价下跌的脚步，但并不能从根本上解决问题。

▶ **实盘精解**

深中华A（股票代码：000017）于2017年年初整体陷入跌势，并且一直持续到6月末才停下脚步，转为横盘走势。我们可以发现，在这段持续半年有余的跌势中，虽然偶然出现了几根大阳线，但并不能转变整体下跌的局面，是普通大阳线（如图1-46所示）。

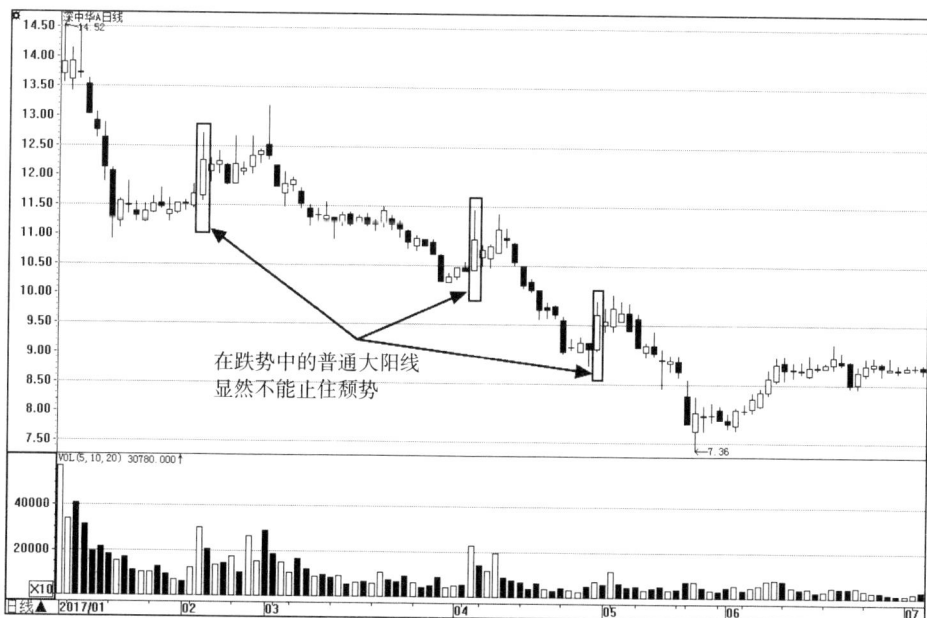

图1-46 2017年1月至7月深中华A的K线图

※ 高手如是说

1.普通大阳线作为大阳线中的一员，虽然也代表着当天股价有大幅度上涨，但对比起其他特殊大阳线起到的立竿见影的效果就只能变得黯淡无光起来。

2.投资者们不需要将精力过多地放到普通大阳线中，因为普通大阳线通常在一段或长或短的横盘整理走势中对股价整体走势的影响微乎其微。而且普通大阳线和成交量之间也没有必然的联系，无法给投资者们提供太多的参考意见。如果因为普通大阳线出现就建仓入手，得到的利润通常并不能使投资者们满意，甚至还有可能让他们出现亏损的状况。

第二章

大阴线详解

　　每一根高耸入云的大阴线都像是敲在持股人心中的重锤，让众股民望而生畏。但是，每个股民在炒股生涯中难免会遇到大阴线，如果每每遇之则退，就永远无法突破瓶颈，登上股市的巅峰。其实，大阴线并没有人们想象中那么可怕，正所谓"祸兮福之所倚，福兮祸之所伏"，大阴线中也许就隐藏着投资获利的机会。本章内容将帮助股民朋友们正视大阴线、了解大阴线并战胜大阴线。

第一节　五花八门的大阴线

» 形态识别

（1）大阴线又可称为长阴线，阴线的实体部分较长且实体代表的价格波动通常在4%以上。

（2）根据上下影线的长短变化，我们将大阴线分为光头大阴线、光脚大阴线、穿头破脚大阴线以及光头光脚大阴线。

（3）按照性质不同，还可区分出假大阴线。

（4）大阴线出现的位置不同，往往具有不同的技术含义。

» 应对策略

（1）下文中提到的各种类型的大阴线往往有相应的应对策略。

（2）通常情况下，股价在长期上涨之后出现大阴线，可能为见顶性质的阴线，则后市行情看跌。

（3）在一段长期下跌行情的尾部出现大阴线，则可能是见底信号。

（4）若在上涨或者下跌的过程中出现大阴线，往往具有助势的作用。

（5）为了降低风险，投资者一般不应该选择在大阴线出现的当日进行建仓。

（6）实体较长的大阴线发出的信号往往更强烈，但是投资者仍然要结合具体行情具体分析。

1. 光头大阴线

▶基础速读

在股市中提起大阴线，足以让股民们茶饭不思甚至夜不能寐，这里首先为大家介绍一下光头大阴线。所谓光头就是指只有下影线而没有上影线，最高价即是开盘价，大阴线就是指股价在当个交易日有很高的跌幅（如图2-1所示）。

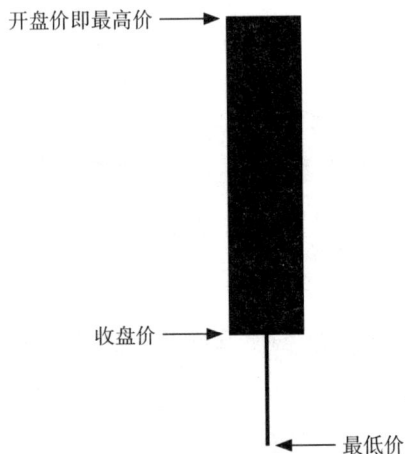

图2-1 光头大阴线示意图

▶实盘精解

四川路桥（股票代码：600039）于2017年4月24日收出巨幅光头大阴线，跌幅达到5.47%。这根光头大阴线仿佛拉开了跌势的序幕，在接下来的日子里，四川路桥股价持续下跌，一落千丈（如图2-2所示）。

从四川路桥的K线图中可以看出，该股股价之前一直处于起伏中，波澜不惊。4月末的下跌也并没有引起人们的注意，但24日突然出现的光头大阴线打破了平静的走势，股价跳空下跌，最低跌落至3.83元，光头大阴线的威力可见一斑。

图2-2 2017年2月至8月四川路桥K线图

2. 光脚大阴线

▶ 基础速读

光脚大阴线就是指只有上影线而没有下影线的大阴线。股价虽然在开盘后有所上升，但后续的下跌趋势更为猛烈，收盘价就是当日个股的最低价。如果股价处于高位时出现光脚大阴线，证明卖方势头超过买方，走势可能即将被逆转。如果股价处于低位时出现光脚大阴线，则代表股价虽有抬头趋势，但积蓄能量不足，短时间内难有改变（如图2-3所示）。

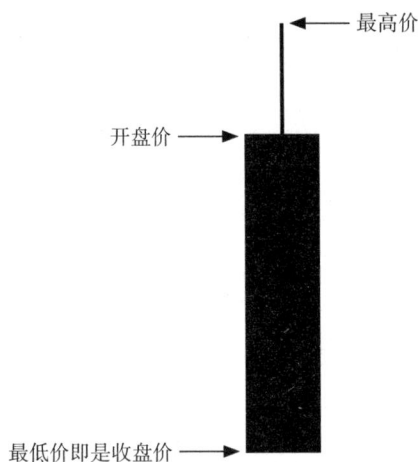

图2-3 光脚大阴线示意图

▶ **实盘精解**

中葡股份（股票代码：600084）在2017年年初股价止住跌势，进入缓慢上升的走势。但好景不长，令人意想不到的是，2017年3月28日突然收出光脚大阴线，随后股价急转直下，还没有上升多少的股价开始了新一轮的下跌（如图2-4所示）。

中葡股份在2017年前半年的走势算是差强人意，年初刚刚止住颓势，人们都认为在接下来的一段时间内股价会有一段时间的稳定回升。但事不遂人愿，3月28日的光脚大阴线和激增的成交量给投资者们敲响了警钟。果不其然，中葡股份在3月29日股价跳空下跌，并陷入了一段更加猛烈的跌势中，股价从3月初的12.50元最低跌至6月初的5.98元。

图2-4　2017年1月至7月中葡股份K线图

3. 穿头破脚大阴线

▶ **基础速读**

穿头破脚大阴线就是同时拥有上影线和下影线的大阴线。出现这样的K线图说明该股当天买卖双方的争斗十分激烈。开始时买方攻势强烈，股价升高，但随着时间的推移卖方转守为攻，股价随之下跌，最终以大阴线收尾（如图2-5所示）。

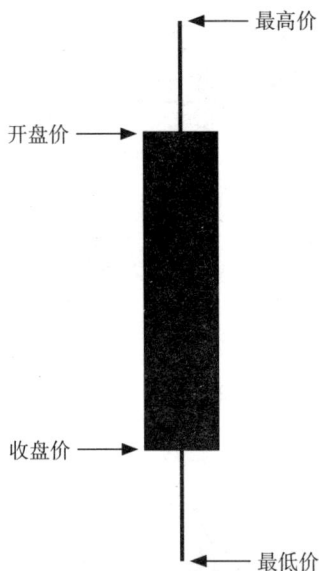

图2-5 穿头破脚大阴线示意图

▶ **实盘精解**

宏图高科（股票代码：600122）在2017年第一季度股价平稳，呈横盘走势，但股市总是起伏不定，不会让哪只个股"偏安一隅"。2017年4月19日宏图高科的买卖双方展开了激烈的对决，最终卖方占据优势，以一条穿头破脚大阴线收尾（如图2-6所示）。

在图2-6中我们可以看出，宏图高科平稳的走势被一条跳空的穿头破脚大阴线打破。4月19日该股的跌幅达到4.61%，可谓损失惨重，随后连续下跌的股价让众持股人心惊胆战，一度跌至10.50元。穿头破脚大阴线是对买卖双方实力的有力说明，其出现在横盘中代表着双方实力的平衡被打破，是局势即将出现转变的信号。

连续五日收出阴线，
股价直接跌入谷底

2017年4月19日
收出穿头破脚大阴线

图2-6 2017年1月至7月宏图高科K线图

4. 光头光脚大阴线

▶ 基础速读

光头光脚大阴线就是既没有上影线也没有下影线的大阴线。光头光脚大阴线可以说是最为强势的下跌信号，最高价即是开盘价，而且以最低价收盘。当个股出现这样的K线，大多数情况都可以看到该股颓势尽显，短时间内很难反转局势（如图2-7所示）。

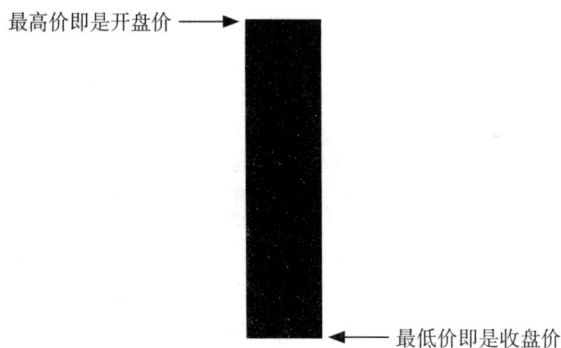

最高价即是开盘价 ——

最低价即是收盘价 ——

图2-7 光头光脚大阴线示意图

▶ 实盘精解

大唐电信（股票代码：600198）在2017年第一季度走势平稳，股价缓缓上升。但所有投资者都知道，平缓的走势必不能持久，股价总会迎来一波或涨或跌的加速时期。随着时间的推移，5月11日一根光头光脚大阴线拉开了该股加速下跌走势的序幕（如图2-8所示）。

5月11日、5月23日、6月1日出现三条光头光脚大阴线，下跌势头十分明显

图2-8 2016年12月至2017年8月大唐电信K线图

如图2-8所示，大唐电信在2017年5月的走势只能用一落千丈来形容了，5月11日、5月23日和6月1日三根光头光脚大阴线全部进入跌停，直接把该股股价从17.67元带到了10.90元的低谷，可见光头光脚大阴线的强势。在这种情况下，持股人应该在出现第一根光头光脚大阴线时就迅速卖出离场，因为此时股价的下跌势头已很难逆转，如果还希图短时间内股价会回升而继续持有，只能使自己被套牢，损失加大。

5. 假大阴线

▶ **基础速读**

假大阴线属于大阴线里的特殊情况，指当日收盘价虽然低于开盘价，但却高过了前一日的收盘价，明跌实涨，十分具有迷惑性。如果投资者不仔细区分，很容易被其表现的阴线属性蒙蔽了双眼，影响对该股后续的判断，从而错失了投资机会（如图2-9所示）。

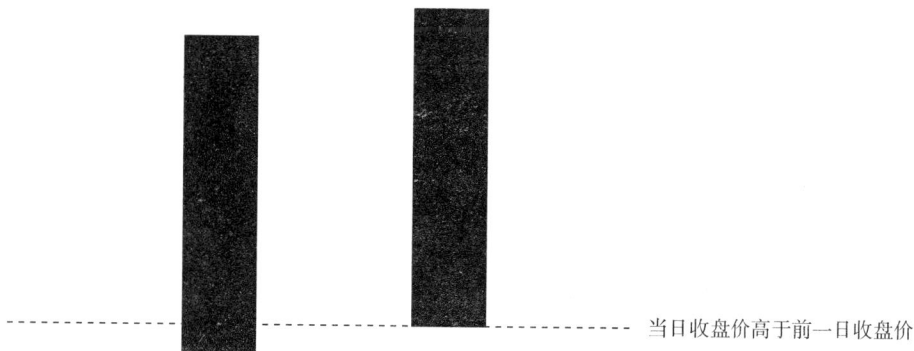

当日收盘价高于前一日收盘价

图2-9　假大阴线示意图

▶实盘精解

瀚蓝环境（股票代码：600323）在2017年3月股价下跌后开始反弹，在连续收出几条阳线后4月12日收出一条假大阴线，上影线直插云霄，最高价达16.28元，远超下跌前的股价（如图2-10所示）。

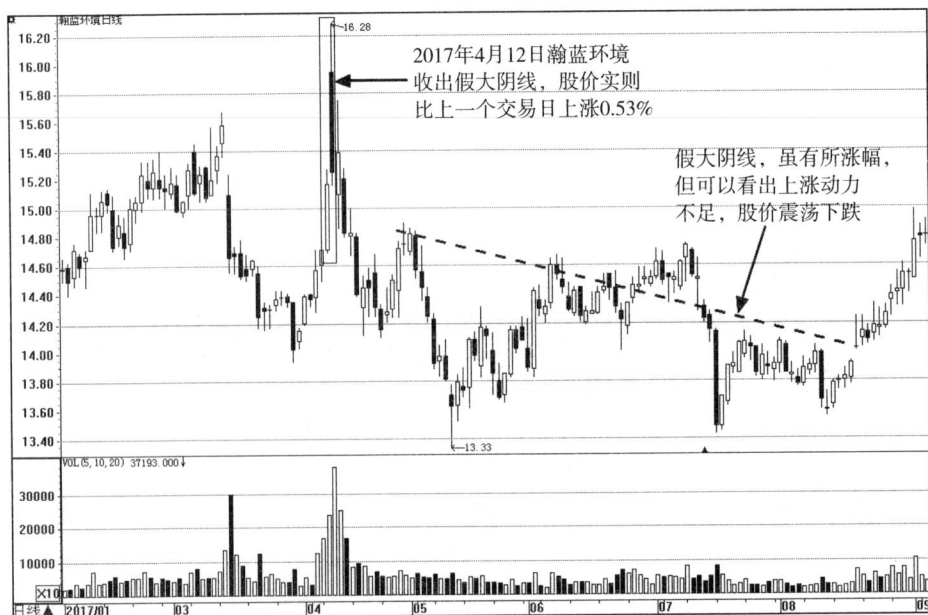

图2-10 2017年1月至9月瀚蓝环境K线图

在瀚蓝环境的K线示意图中，我们可以清楚地看出4月12日虽然收出一根大阴线，但收盘价却有上涨。长长的上影线触顶回落，宣告该股这一阶段的股价回升即将结束，此时是最佳的出货时间，16.28元的高价已经远超下跌前的股价，如果能抓住这一时机清仓卖出，则可以获得很大的利益。但如果投资者忽略假大阴线的提前预警，就只能在后续股价的持续下跌中后悔惋惜。

※ 高手如是说

1.如果在涨势中出现大阴线，代表股价很可能已经触顶，即将发生回落，投资者可以逢高卖出，套利离场。

2.如果股价处于低谷时出现大阴线，股价不一定会有所回升，要知道在股市中没有最低，只有更低，股价可能会再创新低。

3.光头光脚大阴线是跌势最为强势的信号，投资者为了稳妥起见应该选择清仓卖出，另外开辟新的战场或持币以待。

4.光头大阴线的出现证明当日多方已经开始发力，虽然尚且不能全部挡住空方的锋芒，但后续情况可能会发生改变。投资者可以逢低买入，持股待变，也可以留下一部分资源，观看后续局势。

5.穿头破脚大阴线如果阴线实体并不是十分巨大，证明多方尚有一战之力，鹿死谁手尚未可知。局势扑朔迷离，建议投资者静等后续走势，再行投资入场。

第二节　关键处的大阴线

》 形态识别

（1）行情处于整理阶段更容易出现突破性质的大阴线。

（2）我们将突破大阴线的出现分为三种情况，即涨势、跌势以及横盘中。

（3）如果出现突破性质的大阴线，往往后市行情继续看跌。

（4）在特殊情况下，如出现假突破大阴线，那么后市行情反而会呈现上涨趋势。

》 应对策略

（1）在一段上涨行情中出现突破性质的大阴线，往往意味着涨势的结束，后市行情将要反转。

（2）若假突破性大阴线出现在一段明显的涨势中，那么行情反而将会上涨，此时也是投资者获利的最佳时机。

（3）在一段下跌行情中出现突破性大阴线，那么通常股价原本的走势将不会改变，投资者最好的应对策略依旧是持币观望。

（4）而跌势中出现假突破大阴线，行情往往会峰回路转，股民可以择机介入。

（5）关键位置出现大阴线，投资者一定要提高关注度。

1. 涨势中的突破大阴线

▶基础速读

与突破大阳线相同，具有突破性质的大阴线也是股价的先行官，预示着股价走势即将出现改变。投资者们应该对其重点关注，因为突破大阴线中往往隐藏着更多的股价信息，只有重点分析研究，才能更准确地把握股票动态。首先，让我们来了解一下在涨势中的突破大阴线。在涨势中，突破大阴线往往宣告着这一轮涨势的结束，也向持股人发出尽早卖出的信号。

▶实盘精解

湘电股份（股票代码：600416）自2017年起就进入了稳定的涨势之中，并且涨势十分持久，中途虽有所回落，但凭借强大的韧性每每都能迅速摆脱低谷，昂首向上。光阴飞逝，一转眼湘电股份的涨势已经持续了四个月之久，但2017年4月后进入回落，4月24日收出穿头破脚大阴线（如图2-11所示）。

图2-11 2016年11月至2017年4月湘电股份K线图

在图2-11中我们可以看出，湘电股份4月24日收出的穿头破脚大阴线向下直接突破了支撑线，当日股价跌幅达到9.06%。那么，失去了支撑线的撑托，湘电股份还能否再度发力，继续涨势呢？这根穿头破脚的大阴线会让该股的走势产生怎样的变化呢？

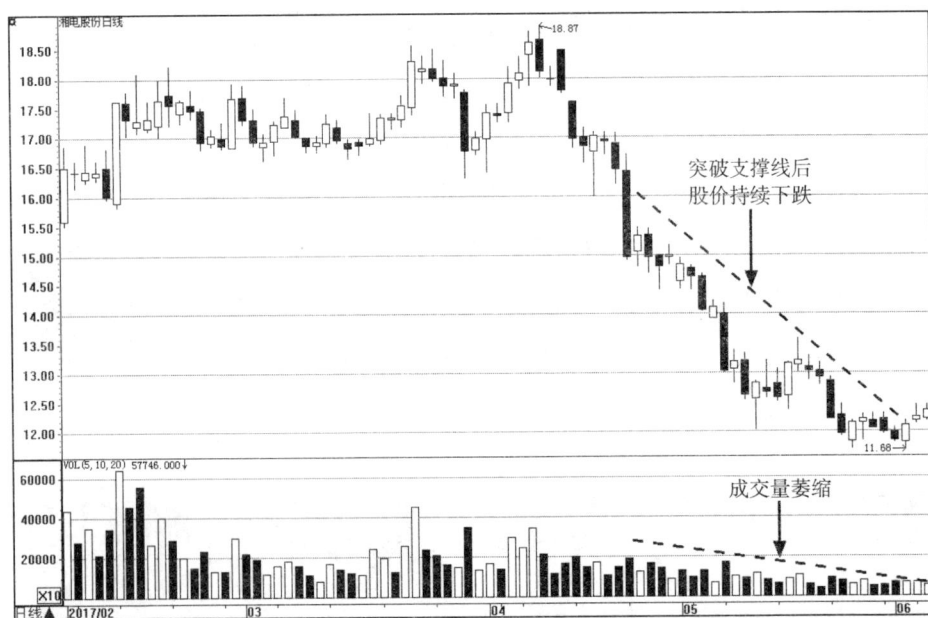

图2-12　2017年2月至6月湘电股份K线图

果然，这根突破了支撑线的穿头破脚大阴线给股价走势带来了厄运，随后一落千丈的股价和相继萎靡的成交量也宣布了这段长达四个月涨势的彻底结束（如图2-12所示）。而后续一系列的走势变化早已经在这条关键处大阴线出现时就初见端倪，如果持股人能够提早察觉而出，做好准备，就可以早早套利离场，驱灾避祸。

2. 涨势中的假突破大阴线

▶ **基础速读**

和涨势中的突破大阴线相反，假突破阴线则代表在涨势中大阴线向下突破了支撑线后，股价在短时间内起死回生，不跌反升，重新回到涨势浪潮中。如果投资者遇到这种情况时早早清仓离场，就很可能错过一波继续获利的机会，后悔莫及。

▶ **实盘精解**

金杯汽车（股票代码：600609）在2016年走势良好，始终保持在涨势中。涨势一直持续到2017年，虽然股价几经动荡，但受到支撑线的有效支撑，总体继续保持在向上攀升的状态中，然而2017年1月16日支撑线被一根穿头破脚大阴线突破（如图2-13所示）。

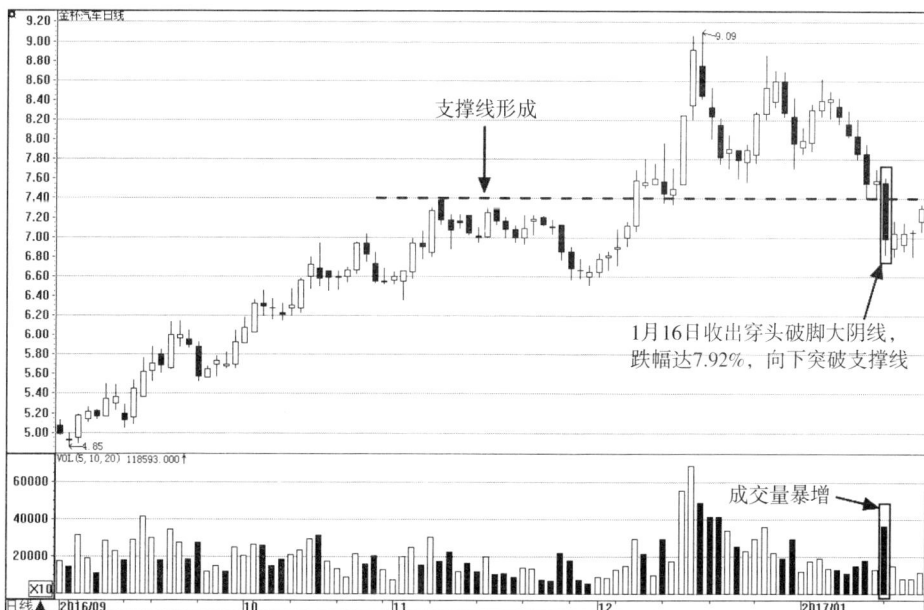

图2-13　2016年9月至2017年1月金杯汽车K线图

可以看出，金杯汽车在2017年1月16日遭遇了很大的危机。这根穿头破脚的大阴线突破支撑线的阻隔，强势刺穿，股价跌幅达到7.92%。长期的稳定走势仿佛要就此被打破，众多投资者究竟应该何去何从，是清仓离场还是持股观望呢（如图2-14所示）？

图2-14　2016年9月至2017年3月金杯汽车K线图

出乎意料的是，这一次金杯汽车走势中带有突破性质的大阴线并没有把股价带入深渊。股价几经周折后竟然转危为安，回到了支撑线之上，达到8.36元。显然这条大阴线就是假突破大阴线，同时在收出这根大阴线当天，成交量突然暴增，放量下跌的情况很有可能是主力的恐吓行为。如果持股人没能顶住压力，过早清仓抛售，利益就会受到损失。

3. 跌势中的突破大阴线

▶ 基础速读

在股市跌势中，往往没有最低，只有更低。在跌势中，如果出现带有突破性质的大阴线，往往代表着该股在未来一段时间中将持续跌势并且再创新低。如果提前发现这种性质的大阴线，就能够从容布局，退可以弃股离场，再寻战机；进可以逢低买入，持股待变。

▶ 实盘精解

丰华股份（股票代码：600615）在2017年年初就陷入了跌势中，虽然股价下跌的速度比较缓慢，但处境仍然不容乐观。3月30日丰华股份更是收出了一根光头大阴线，跌幅达5.80%，这对于本就处于危机中的走势来说更是雪上加霜（如图2-15所示）。

图2-15 2016年12月至2017年3月丰华股份K线图

在前文中已经提及过，光头大阴线的最高价即是开盘价，一路低开低走，虽然过程中股价有所回升，但上涨力量始终不敌下跌的趋势，最终以大阴线收盘。丰华股份3月30日收出的光头大阴线的下影线非常短，可以看出股价上涨的力度非常之小，难挡大势（如图2-16所示）。

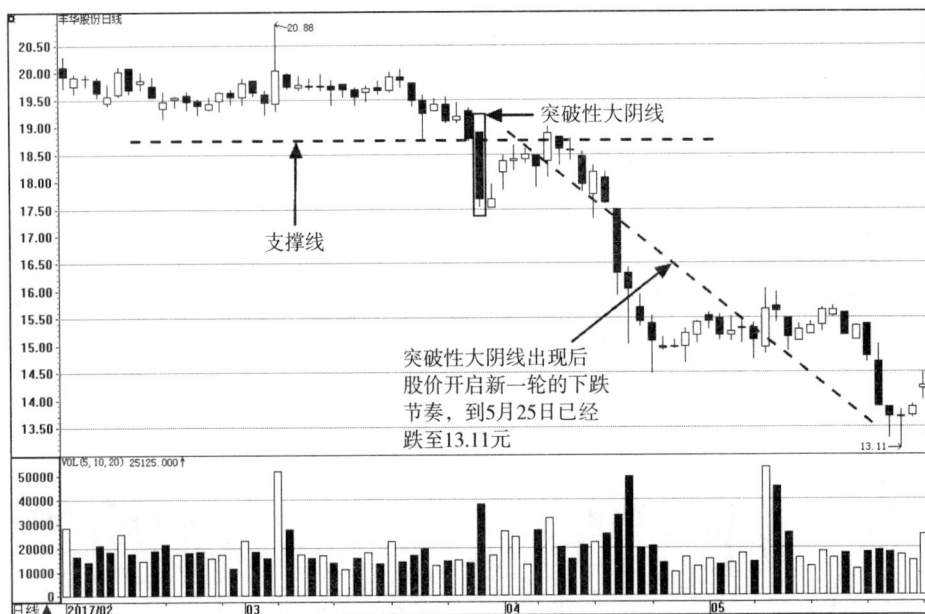

图2-16　2017年2月至5月丰华股份K线图

丰华股份后续的走势果然应了那句老话，"福无双至，祸不单行"，这根光头大阴线的出现加剧了该股的跌势。股价在下跌的过程中虽然有过几次回升，但杯水车薪，无法从根本上逆转局势，到了5月25日，该股股价已经从3月初的20.88元跌至最低13.11元，持股观望的众投资者损失惨重。

4. 跌势中的假突破大阴线

▶基础速读

对比之前介绍的几种让人望而生畏的关键处大阴线，现在要说的在跌势中的假突破大阴线就比较能受到投资者的喜爱了。顾名思义，跌势中的假突破大阴线指的就是在股价处于跌势时收出的大阴线，它非但没有使股价进入新一轮的下跌，反而峰回路转，股价开始反弹回升。

▶实盘精解

东方明珠（股票代码：600637）从2016年后半年就进入了漫长的跌势，股价缓缓下跌仿佛没有尽头。随着时间的推移，众多投资者对该股失去了信心，被套牢者期待解套更是遥遥无期，该股前途一片惨淡（如图2-17所示）。

图2-17 2017年2月至6月东方明珠K线图

东方明珠平静的跌势在2017年5月掀起了波澜，几次的蓄力上涨使该股的前景开始扑朔迷离起来。但可能是因为积弱已久，几次寻求突破无果后，6月1日和6月2日终于连续收出两条大阴线，向下突破了支撑线的保护，让股价重新回到谷底，甚至达到19.89元的新低（如图2-18所示）。

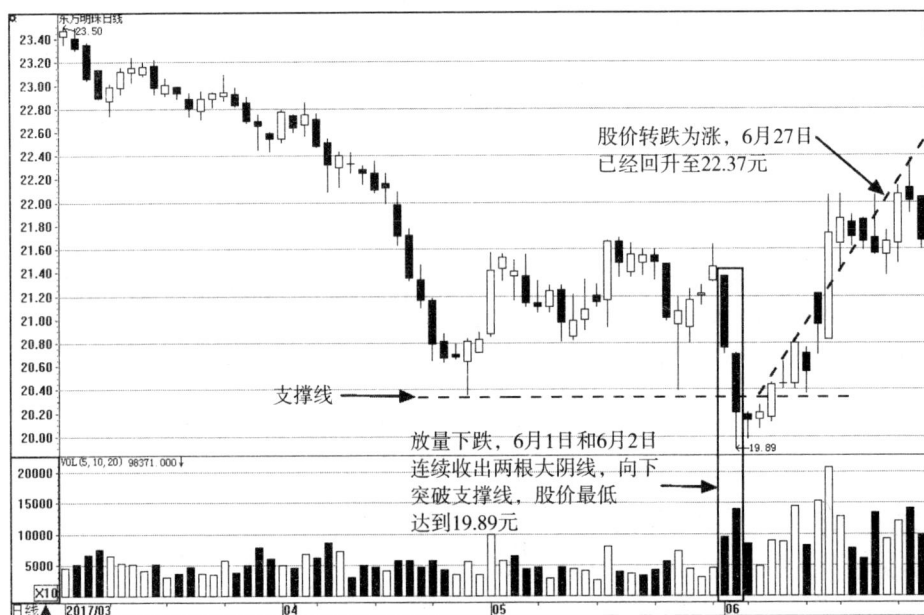

图2-18　2017年3月至6月东方明珠K线图

东方明珠收出带有突破性质大阴线后的走势跌破了很多投资者的眼镜，股价不跌反升，一扫以往颓势。不过，股市中任何的变化都不会是偶然的，明显的放量下跌很可能是庄家的洗盘行为，庄家控制了足够多的筹码后操控股价上涨。如果投资者能够发现这次机会，低买高卖，就可轻松跟庄获利，被套牢者也可以在低价时加仓补仓，在股价回升时卖出，从容解套。

5.横盘中的突破大阴线

▶基础速读

不光在涨势和跌势中出现的突破性大阴线值得投资者注意，在横盘走势中带有突破形势的大阴线同样应该受到投资者的重视。在平静无奇的横盘走势中出现的突破大阴线往往预示着股价未来的走势即将出现变化，如果能提早发现、分析和研究，就能避免不必要的风险，也可以从中寻找获利机会。

▶实盘精解

乐山电力（股票代码：600644）在2017年开始股价呈横盘走势。在前四个月的时间里，股价虽有多次起伏，但上升无果入地无门，始终无法打破僵局，仿佛这样的走势要一直持续下去，直到2017年4月24日收出光头大阴线，局面被打破（如图2-19所示）。

图2-19 2016年11月至2017年4月乐山电力K线图

在图2-19中我们可以看出，乐山电力在前几个月中股价相对平稳，每次下跌的势头都被支撑线有力拦截，股价始终没有跌落到8.39元以下。但4月24日突然出现了一根巨大的光头大阴线并出尽了风头，轻而易举地撕破了支撑线的防线，使股价跌落至6.98元（如图2-20所示）。

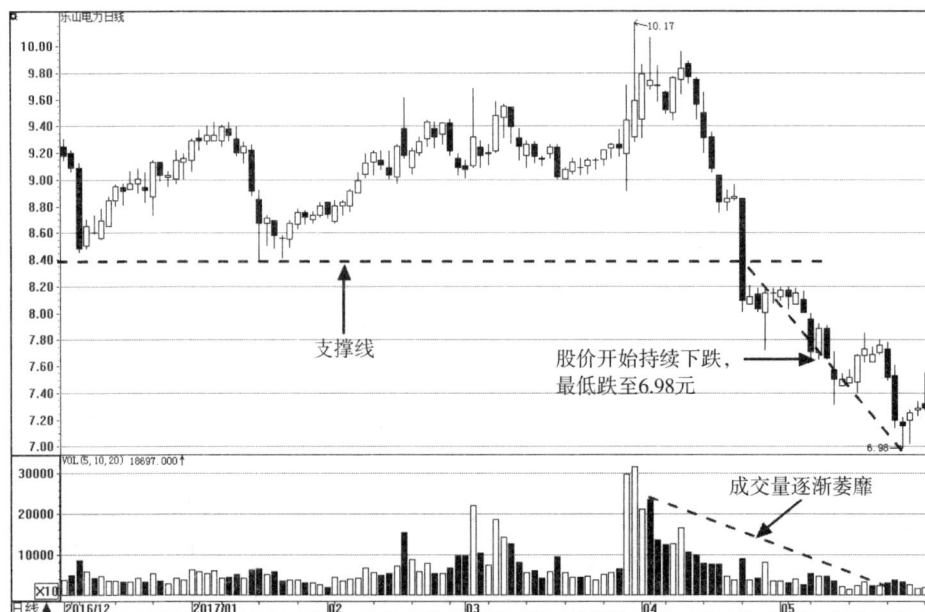

图2-20 2016年12月至2017年5月乐山电力K线图

果然，4月24日这根突破大阴线并不是无的放矢，在后面的交易日中乐山电力的股价持续下跌，成交量也相继萎靡。到了5月24日股价跌至6.98元，乐山电力长期以来的横盘走势宣告结束。可见，横盘中的突破大阴线威力同样不俗，只有对其有所了解并提前部署，才能从容应对，从中获利。

※ 高手如是说

1.涨势中的突破大阴线很可能是给投资者们发出的涨势即将结束的信号，这时应该重点关注，配合多方数据分析、判断，提前做好准备。

2.股市中几乎没有单一的绝对准确的信号，即使是突破大阴线也可能有假。投资者们在遇到这种情况时，建议暂且按兵不动，通过观察后面的交易日以判断股价的真正走势，才能更加精准地做出选择。

3.跌势中的突破大阴线可能是噩梦的前兆，也可能是股价反转的假动作。建议投资者们再观察后几个交易日的走向，如果之后股价呈跌势，持股者可清仓卖出，等待股价进入低谷时再建仓买入，以弥补损失。如果股价反转，那么自然可以低买高卖，轻松获利了。

4.如果在横盘中遇到突破大阴线，长期投资者可以持股待变，等待股价回春。短中期投资者则建议在确定跌势后尽快撤离，持币待变才是稳妥之计。

第三节　提速大阴线

》 形态识别

（1）当某只股票突然收获一根振幅较大的大阴线时，同时配合了成交量放大，那么该大阴线对当时的行情往往具有加速的作用。

（2）在下跌行情中往往更容易出现提速大阴线。

（3）提速大阴线出现之前股价的下跌幅度并不会太大，反而在提速大阴线出现之后，股价下降的趋势更快。

》 应对策略

（1）提速大阴线的出现通常都会带来股价的大幅度下降，面对这样危险的信号投资者应选择观望，不要轻易介入。

（2）涨势中出现提速大阴线的情况较少，但若是在上涨行情的末期出现提速大阴线，那么后市行情将会发生反转。一旦投资者确认为行情见顶，一定要快速清仓离场。

（3）下跌行情中出现提速大阴线，投资者一定要先确认行情后再进行下一步的操作。

1. 涨势末期的提速大阴线

▶ **基础速读**

在股市中常青树可谓是凤毛麟角，大多数股票都会起起伏伏。往往在一段涨势的末期都会出现加快节奏的大阴线，来提醒投资者们股价的走势即将出现变化，或转涨为跌，出现回落现象。

▶ **实盘精解**

葛洲坝（股票代码：600068）这只股票在2016年年末到2017年第一季度这段时间可谓是春风得意。稳定的涨势中很少出现回落的情况，股价也快速上涨，到2017年4月股价涨幅已经接近此轮涨势前的300%（如图2-21所示）。

图2-21　2016年11月至2017年4月葛洲坝K线图

　　葛洲坝持续了许久的涨势出现了变化，2017年4月24日突然出现的这根巨大的光头大阴线仿佛鹤立鸡群一般，俯视着之前的K线图。它的出现无疑加速了股价的波动，葛洲坝后续到底是会发生逆转还是会继续涨势呢（如图2-22所示）？

图2-22　2016年12月至2017年5月葛洲坝K线图

　　葛洲坝后续还是没有抵挡住这根光头大阴线的强势入侵，走势开始逆转，股价迅速滑落。仅仅不到一个月的时间，股价就由13.47元跌落至9.47元，抵消了该股之前五个月的上涨成果，投资者们损失巨大。这根大阴线不仅宣告了涨势的结束，还加速了股价的回落，如果投资者们忽视了它的存在，恐怕就要把已经到手的利益再送回去了。

2. 跌势中的提速大阴线

▶ **基础速读**

在跌势中，具有加速性质的大阴线往往代表着一段新的跌势即将开始，并且新一轮的下跌速度会更为迅速。还在等待股价回暖的投资者们看到它的出现就可以打消短期内赢利的念头，而对自己判断有信心的股民则可以等待获利时机，在股价触底时建仓买入。

▶ **实盘精解**

美尔雅（股票代码：600107）从2016年下半年起就开始持续下跌，唯一值得欣慰的是股价下跌幅度十分缓慢，持股人的利益还没有受到重大损失。但缓慢而又坚决的股价走势更加令人窒息，一转眼跌势持续到了2017年3月（如图2-23所示）。

图2-23　2016年9月至2017年3月美尔雅K线图

2017年3月20日美尔雅在陷入漫长的跌势后突然收出一条与以往走势大相径庭的穿头破脚大阴线，跌幅达到6.54%，振幅达到8.29%，显得十分刺眼。这一意外情况伴随着暴增的成交量，说明美尔雅即将结束缓慢的跌势，只是不知跌势结束后是福还是祸（如图2-24所示）。

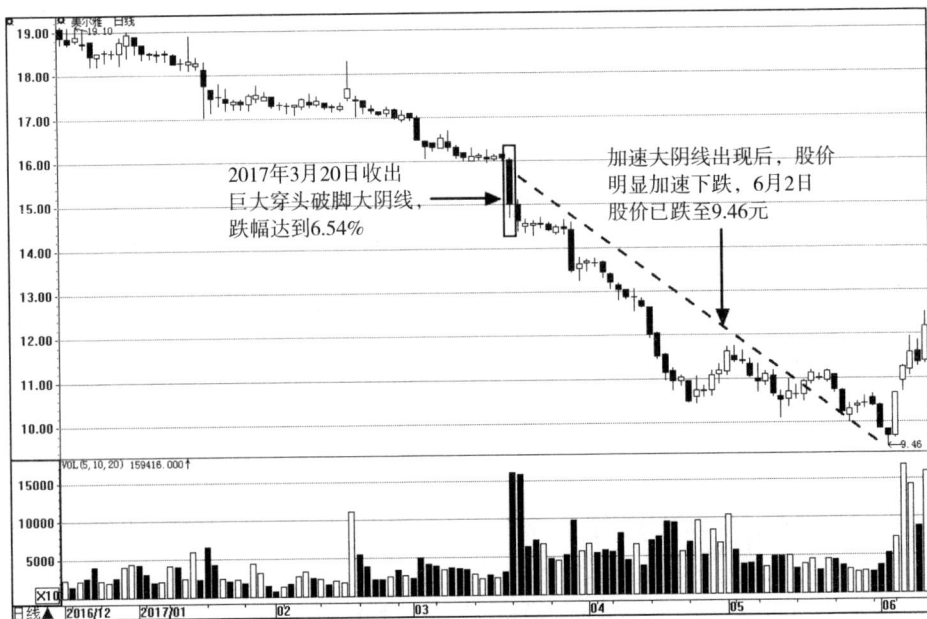

图2-24　2016年12月至2017年6月美尔雅K线图

福无双至，祸不单行。3月20日这根与众不同的大阴线并没有帮助美尔雅摆脱困境，反而加速了股价下跌的速度。随后的交易日中甚至出现四连阴、五连阴的情况，股价一落千丈，6月2日已经跌至9.46元的惨状。解套之日遥遥无期，彻底摧毁了持股人等待东山再起的美梦。

※ 高手如是说

1.在一段涨势的末期出现加速大阴线，很有可能标志着涨势的结束，投资者朋友们也可以将它看作一段跌势的开始。此时的加速大阴线不光起到加速股价变化节奏的作用，往往还带有转折的特性。它一旦出现，后续的股价走势极有可能发生翻天覆地的变化，危机四伏，能否转危为安甚至从中获利，就要看投资者们对加速大阴线的了解和把控程度了。

2.在跌势的过程中出现加速大阴线，则极有可能使股价再创新低。如果没有提前发现端倪，则很有可能被迅速下跌的股价吓傻了眼而无法及时做出反应。但危机永远与机遇并存，加速大阴线虽然凶如猛虎，但也可能为投资者带来新的入场机会，加速下跌的股价很容易探到真正的底线，而这时就是建仓扫货或者补仓以求解套的最佳时机了。

第四节　见顶看跌大阴线

» 形态识别

（1）见顶看跌大阴线通常出现在一段涨势之后，尤其是在股价涨幅较大之后。

（2）表现为行情即将出现回调或者是头部构建时，买方开始乏力，则意味着涨势快要停止了。

（3）在行情上升的末期出现大阴线不一定会伴随成交量的放大，而是在行情开始上涨的初期成交量先温和放大，到了涨势的末期阶段成交量将会有所减少。

（4）倘若在一段快速明显的上涨行情的尾部收获一根大阴线，阴线的振幅越大往往越能说明该大阴线为见顶性质，其发出的信号也越强烈。

（5）大阴线可以出现在走势中的任何一个地方，投资者需要经过仔细确认后才能判定其性质，进而做出正确的布局。

» 应对策略

（1）单根大阴线发出的信号相对较弱，无法决定股价后市的变化方向，通常只能暂停股价的涨势，表明当天交易日中空方占据绝对性的优势。

（2）见顶大阴线经过确认之后，投资者一定要立即清仓，否则就会遭受重大的经济损失。

（3）出现大阴线之后一定要密切关注股价后期的运行。

（4）在一段明显的下降趋势中投资者可以抢反弹，当股价反弹，出现见顶大阴线时是投资者最佳的清仓时机。

（5）倘若行情连续性地出现大阴线，那么股价通常会先进入到一段整理阶段，随后行情便继续下跌。

（6）特别的情况下出现见顶大阴线不一定会带来损失，例如股价长期上涨，顶部构造常常会经历一段复杂的过程，对于擅长做波段式布局的投资者而言，此时也可能在其中找到赢利的机会。

1. 上涨趋势中的见顶看跌大阴线

▶ 基础速读

在上涨趋势中，突然出现的大阴线很可能预示着股价已经见顶，此轮涨势即将结束。看跌大阴线出现后股价往往会接连下跌，此类阴线代表着后市走势有出现反转的可能。

▶ 实盘精解

梅安森（股票代码：300275）2016年年底的股价一直处于低位运行，随后行情开始回升。在一段明显的上涨趋势中，该股于2017年4月11日收出了一根光头阴线，当日开盘价和最高价均为35.95元，最低价为30.09元，收盘价为33.98元，属于光头大阴线，此时投资者应该提高警惕，考虑是否清仓或者适当减仓（如图2-25所示）。

图2-25 2016年12月至2017年4月梅安森K线图

在一段明显的上涨行情尾部出现大阴线，往往会有见顶的迹象。果然，在光头大阴线出现之后，该股收获了一根小阴线而其实体部分完全在光头大阴线的下方，因此确认光头大阴线发出了见顶信号（如图2-26所示）。

见顶信号出现之后行情开始一路下跌，截止到2017年7月18日，股价已经下跌到了15.95元，与4月11日的高点位置相比，期间股价跌幅达到了55.63%，面对这样的行情，及时出局才是上策。

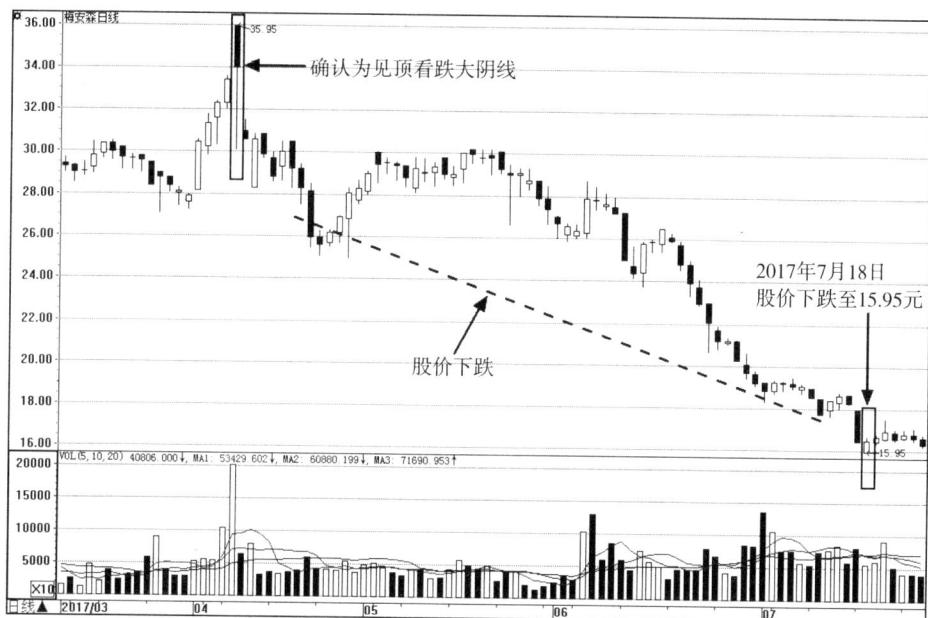

图2-26　2017年3月至7月梅安森K线图

2. 上涨趋势中的假见顶看跌大阴线

▶ 基础速读

在股市中，股价总是在阴阳两种K线交替出现的形势中前进。当股价整体处于涨势时，即使涨势未竭也很有可能收出几根大阴线，这样的大阴线对后续走势并无影响，被称为假见顶大阴线。

▶ 实盘精解

通常我们认为在一段明显的上涨趋势中出现见顶大阴线往往意味着后市行情看跌，但也有特殊的情况，上涨行情出现见顶大阴线后市股价反而继续上涨，这就是我们所说的假见顶看跌大阴线，例如华新水泥（股票代码：600801）（如图2-27所示）。

图2-27 2017年4月至9月华新水泥K线图

在一段明显的上涨行情中，该股于2017年8月11日收出了一根阴线，当日开盘价为13.67元，最高价为13.95元，最低价为12.64元，收盘价为12.69元，阴线实体部分代表的价格波动约为7%，属于大阴线的范围。

面对这样的情况，很多投资者都会提高警惕，谨防股价见顶看跌的情况。7月14日股价低开当日开盘价仅为12.52元，比前一个交易日的收盘价格还要低，之后行情开始进入小平台的横盘状态。

但是，8月21日的行情似乎没有向着设想的方向发展，多方力量开始发力，行情出现小幅度上涨，随后该股收出一根大阳线，成功突破前期的高点压力线，股价开始不断攀升，截止到9月25日股价已经上涨到了16.21元。至此，可以很好地说明8月11日收出的大阴线为假见顶看跌大阴线。

3. 下跌趋势中的假见顶看跌大阴线

▶**基础速读**

当股价整体处于跌势中时，大阴线自然成了该股的常客。但是，其中一些大阴线除了代表当个交易日的股价走势外并没有起到预示的作用。这些大阴线的出现并不能代表股价将再创新低，因此它们被称为假见顶看跌大阴线。

▶**实盘精解**

江苏吴中（股票代码：600200）2016年12月后一直呈下降走势，期间股价上下波动，2017年5月23日该股收出一根阴线，当日开盘价格为13.09元，最高价为13.17元，最低价为12.21元，收盘价为12.26元，实体部分的价格波动为6.3%，属于大阴线，该大阴线处于下降趋势的趋势线下方（如图2-28所示）。

图2-28　2016年11月至2017年6月江苏吴中K线图

大阴线出现，我们判定其可能为见顶看跌大阴线，为了保证利益，投资者应该提高警惕。然而在大阴线出现的第二个交易日，该股收出了一根小阳线，股价没有下跌反而进入到了一段横盘整理的状态，直到2017年7月25日该股收出一根阳线，成功突破下降趋势线，之后股价便一直在趋势线的上方运行，呈缓慢上涨的趋势（如图2-29所示）。

图2-29 2017年3月至9月江苏吴中K线图

至此，从整体的行情上看，该股于2017年5月23日收获的见顶大阴线属于假见顶看跌大阴线。若投资者无法快速判断出见顶看跌大阴线的真假，那么无论真假首先进行减仓或者清仓操作，才是最安全的策略。

4. 下跌趋势中的见顶看跌大阴线

▶基础速读

股价处于低谷时常常会出现反扑的情况，有时可以东山再起，卷土重来，而有时却只能被下跌的大势死死按住，难有寸进。股价发生反弹时出现的带有反转作用的大阴线，被称为见顶看跌大阴线。

▶实盘精解

盈方微（股票代码：000670）于2016年4月11日股价冲上15.10元的相对高点位置，随后股价呈现一路下跌的趋势，2017年3月股价在下跌的过程中出现反弹，并于3月31日收出一根阴线，当日开盘价为8.83元，最高价为8.97元，最低价为8.10元，收盘价为8.29元，阴线实体部分代表的价格波动约为6.1%，属于大阴线（如图2-30所示）。

图2-30　2016年3月至2017年4月盈方微K线图

在下跌趋势中出现大阴线同样具有见顶迹象，此时投资者应该提高警惕。该股出现大阴线之后，第二个交易日股价收获一根小阳线，小阳线直接下穿过前一日大阴线的下影线，因此可以断定3月31日出现的大阴线为见顶大阴线（如图2-31所示）。

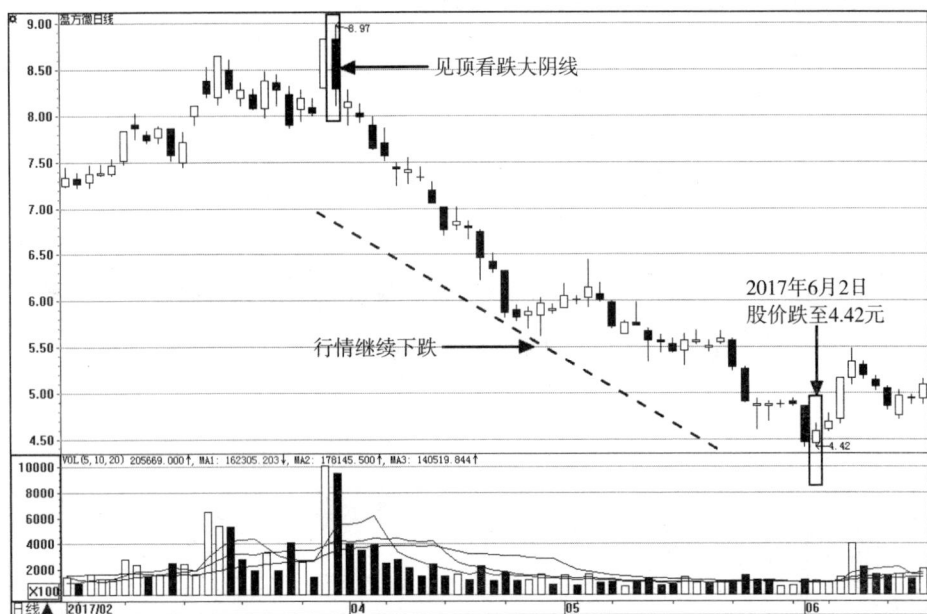

图2-31　2017年2月至6月盈方微K线图

从图2-31中可以看到，大阴线出现后行情继续下跌，截止到2017年6月2日股价已经下跌到4.42元的低价格，跌幅达到了50.72%，至此可以判定该阴线为见顶看跌大阴线。面对下降趋势中出现的见顶看跌大阴线，投资者一定不要再抱有侥幸心理，应该及时清仓，从而避免更大的损失。

5. 巨幅振荡见顶看跌大阴线

▶ **基础速读**

在股市中，个股的走势瞬息万变，各不相同，经常能够看到个股出现短时间内股价暴涨的情况。在巨幅震荡后收出的大阴线往往预示着股价将回落，这样的阴线就是下面要说的巨幅震荡见顶看跌大阴线。

▶ **实盘精解**

唐山港（股票代码：601000）长期处于低位运行的状态，而在国家宣布设立雄安新区这一消息之后，该股受到影响并于2017年4月5日开始，在连续六个交易日中走出了一字涨停板的现象，股价一度上涨到7.81元的高位，与之前一季度的低价相比，其涨幅达到了近80%。

股价被不断推高，交易出现异常波动，使得该股于2017年4月13日被停牌处理。公司对有关雄安新区的相关事宜做出具体的澄清和解释，受到市场消息的影响，2017年4月17日该股复牌后收出了一根光脚大阴线，当日开盘价为7.80元，最高价为7.81元，最低价为7.01元，收盘价为7.01元，当天股价的振幅达到了10.27%，是见顶信号的出现，后市行情看跌（如图2-32所示）。

见顶大阴线出现后，该股连续多日收获阴线，股价逐渐呈现下降走势。虽然期间市场上不断有各种利好消息的出现，但该股仍处于平稳的运行状态。

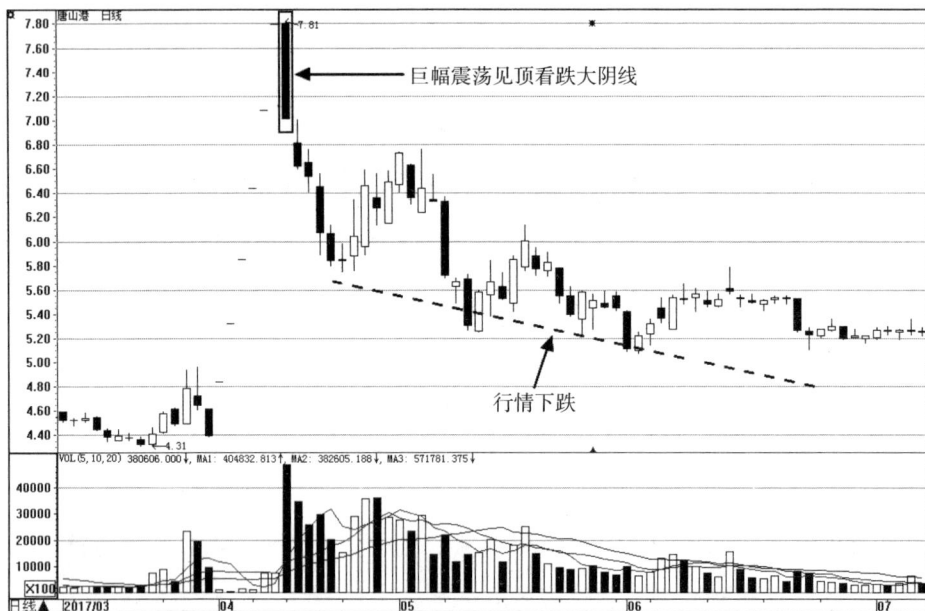

图2-32 2017年3月至7月唐山港K线图

※ 高手如是说

1.当一段涨势已经露出疲态、接近尾声时，一旦收出大阴线则证明股价很可能将转涨为跌，开始回落。

2.即使股价已经处于谷底，见顶大阴线的出现也可能使股价继续下跌，要知道在股市中股价永远没有最低，只有更低。

3.即使是短期的股价上涨时收出见顶大阴线，也一样要提高警惕，大涨之后常常会发生大跌，见顶大阴线往往会为跌势拉开序幕。

4.当然，并不是每一根大阴线都会让股价陷入跌势，投资者无须太过担心。当大阴线出现，只需小心留意，观其后续变化就好。并且要结合多方信息进行判断，如果是假见顶大阴线则继续持有，等待股价上涨。如果后续股价真的开始进入跌势，再快速清仓离场也不会造成太大的损失。

第五节　普通大阴线

» 形态识别

（1）上文中我们将大阴线分为突破性质、加速性质以及见顶性质三种主要类别，但是在实际的股市中，除了这三类大阴线还存在着其他类型，我们将其称为普通大阴线。

（2）技术分析的过程中，普通大阴线往往发出的信号较弱，参考价值比较低。

（3）股价处于整理阶段时，普通大阴线常常会出现。

（4）我们通常不对普通大阴线进行单独分析，而是将其放入整体的或者特定的形态中进行分析。

» 应对策略

（1）由于普通大阴线的参考价值有限，因此投资者不能以单根普通大阴线预测判断行情的发展。

（2）当股价在高位进行盘整的过程中收获普通大阴线，那么该阴线可能会作为上档压力，将股价压低。

（3）而在底部位置进行盘整过程中出现普通大阴线往往会引起投资者们的恐慌，这样一来便有利于主力进行吸筹。

（4）若普通大阴线在上涨或下跌趋势过程中的盘整区域出现，分别有清除浮筹和吸筹的作用。

1.头部区域的普通大阴线

▶ 基础速读

当股价上升至相对较高的价位时并没有开始回落，而是发生震荡时，大阳线和大阴线常常会此起彼伏争相而出。这时候出现的大阴线多为普通大阴线，无法对整体局势造成实质影响。

▶ 实盘精解

恒立液压（股票代码：601100）于2017年7月开始一直处于高位震荡，期间该股收出了多条较为明显的大阴线，都属于普通大阴线。从历史行情中可以看出，此次属于高位盘整，股价在顶部完成盘整之后跌破短期均线。对于持有该股且成本较高的投资者来说，短期内逢高减仓才是比较合理的策略（如图2-33所示）。

图2-33　2017年6月至10月恒立液压K线图

2. 底部区域的普通大阴线

▶ **基础速读**

当股价跌至低谷，处于盘整状态时，常常会有大阴线的身影。这些阴线虽然巨大，但往往只是随波逐流，无法对股价后续的走势起到预示的作用。这些阴线通常都是普通大阴线。

▶ **实盘精解**

金花股份（股票代码：600080）2017年5月31日收获一根光头大阴线，该大阴线出现在行情盘整的过程中，属于普通大阴线。从历史股价走势中可以发现，此次盘整属于底部区域，是行情筑底的过程，因此可以判断是主力为了后市拉升股价而制造的恐慌气氛，如此一来便可以达到吸筹的目的。从盘面上可以看到，股价在底部完成筑底后行情开始逐渐上涨，同时也证实了之前的判断（如图2-34所示）。

图2-34 2017年3月至8月金花股份K线图

3. 上升盘整中的普通大阴线

▶ **基础速读**

当股价整体处于上升趋势中时，在上升的中途往往会暂缓上涨的脚步，进行力量的积蓄，以求接下来更大的突破。而在盘整阶段出现的大阴线多为普通大阴线，难以对后续走势产生影响。

▶ **实盘精解**

东北证券（股票代码：000686）2017年5月24日股价跌到了相对低点位置，随后行情开始回升，在上涨的过程中股价上下波动。图2-35中矩形内股价处于整理阶段，期间收出了两根明显的大阴线，属于普通大阴线。在这段上涨行情中股价出现较大幅度的震荡，是主力为了清除一些不坚定的投资者手中的筹码，从而为后期股价的拉升提前做好准备，可以看到后市股价的确在继续上涨（如图2-35所示）。

图2-35 2017年5月至9月东北证券K线图

4. 下降盘整中的普通大阴线

▶基础速读

当股价处于下跌后的盘整阶段时，即使收出大阴线通常也不代表股价走势会出现大的变化，这样的阴线均为普通大阴线。

▶实盘精解

文一科技（股票代码：600520）2017年3月17日股价上涨到高点位置之后，行情开始呈现出下跌走势，在这段明显的下跌行情中，该股收出了一根大阴线，属于普通大阴线（如图2-36所示）。

图2-36 2017年3月至8月文一科技K线图

从图2-36中可以看到，股价从高位下跌到底部后，行情呈现小幅度的横盘整理状态，待股价整理过后，行情开始缓慢地回升上涨。

※ 高手如是说

在大阴线的家族中，普通大阴线绝对算是相对"可爱"的了。这种大阴线虽然代表当个交易日股价出现了大幅的下跌，但并不影响整体走势。原本上涨的继续上涨，正在进行盘整的也不会发生回落，有惊无险，只是白白让众投资者担惊受怕而已。投资者们需要了解的是，在任何股票的走势中都可能有普通大阴线的身影，在遇到大阴线时千万不要慌乱，应该先分析其是不是无伤大雅的普通大阴线。

第三章

小阳线与小阴线操练

在股市中，最引人注目的往往是体型巨大的大阳线和大阴线。其实，相对较小的小阳线和小阴线同样隐藏着很多信息，同样能够预示股票的后续走势，需要投资者们细心留意，仔细观察。本章就对各式各样的小阳线和小阴线操练进行全面的剖析、研究，希望对投资者们能够有所帮助。

第一节　认识小阳线

» 形态识别

（1）K线实体部分的价格波动范围是区分阳线大小的重要因素，通常在0.6%～1.5%范围波动的阳线称为小阳线。

（2）上下影线的不同变化使小阳线分为多种类别，如上短下长小阳线、光头小阳线等。

（3）技术分析中投资者最容易忽略的就是对小阳线的关注。

（4）根据小阳线上下影线的变化，投资者可以判断市场的局势。

» 应对策略

（1）小阳线出现的位置不同，往往具有不同的技术含义。

（2）通常在一段明显的上涨或下跌行情中出现小阳线，有助涨或者助跌的作用。

（3）小阳线若在一段上涨行情的尾端出现，需要再等待几个交易日，待见顶性质被确认后再进行下一步操作。

（4）小阳线在股市中发出的信号往往没有大阳线发出的信号强烈，因此投资者在分析的过程中一定要结合多个技术指标共同进行分析。

1. 上长下短小阳线

▶ **基础速读**

（1）上长下短小阳线就是指小阳线的上影线较长，下影线较短，其收盘价高于开盘价（如图3-1所示）。

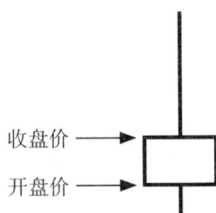

收盘价 →
开盘价 →

图3-1 上长下短小阳线示意图

（2）通常情况下，我们将价格波动在0.6%～1.5%范围内的K线定义为小阳线。股票当日的最高价即为上影线的最高点位置，而下影线的最低点位置就是当日行情的最低价格。

（3）在实战中，投资者常常会忽略对小阳线的分析，但事实上小阳线的出现也具有一定的技术含义。出现上长下短小阳线是因为卖方抛压增加，甚至也有可能是控盘主力为了达到自己的某种目的而故意设计出的假象。

（4）上下影线的长短是投资者研究该类型K线的重点，上影线越长意味着行情上涨的压力越大。

（5）若上长下短小阳线在一段上涨行情中出现，需要先观察下一个交易日中股价的变化，若第二个交易日中K线波动没有超过上长下短小阳线，那么投资者应该提高警惕，因为此小阳线很可能为见顶性质，意味着后市行情将要发生转变。

（6）而在一段下跌趋势中出现上长下短小阳线多半都有助跌的作用，但有时也会是见底信号，此时往往会配合成交量的明显缩小。

▶**实盘精解**

盛和资源（股票代码：600392）股价在起暖回升的过程中于2017年8月15日收出了一根阳线。当日该股的开盘价为26.12元，收盘价为26.48元，最高价为27.60元，最低价为25.82元，当日股价振幅达到6.67%，计算该阳线的实体部分代表的价格波动为1.35%，属于上长下短小阳线（如图3-2所示）。

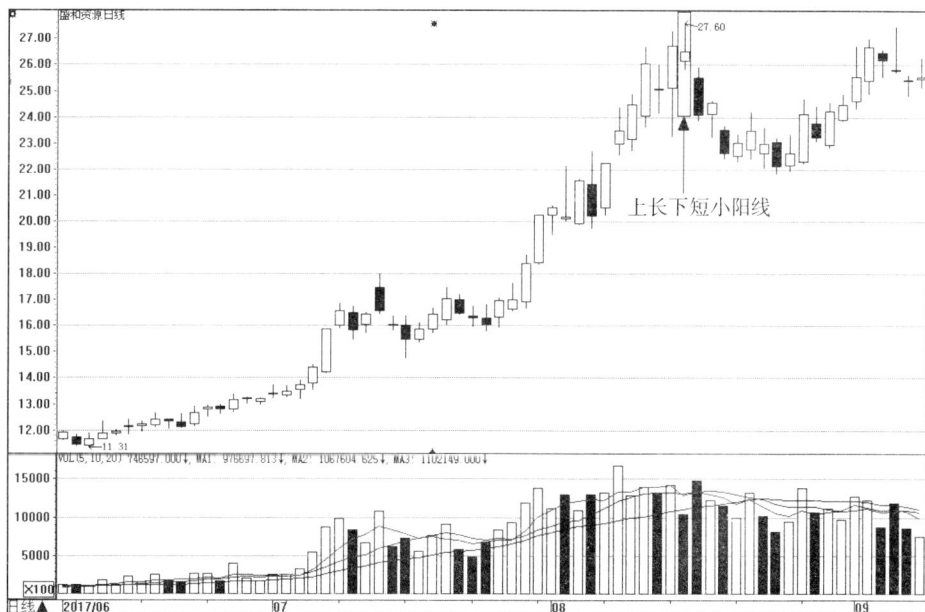

图3-2 2017年6月至9月盛和资源K线图

该小阳线的上影线代表着股价上涨的压力，8月16日该股收出一根阴线，该阴线并没有突破上长下短小阳线的上影线，反而向下冲破了下影线，因此可以判断行情将有可能发生回调。

2. 上短下长小阳线

▶ **基础速读**

（1）上短下长小阳线表现为上影线较短、下影线较长（如图3-3所示）。

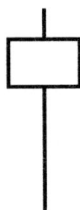

图3-3 上短下长小阳线示意图

（2）上短下长小阳线代表的含义恰恰与上长下短小阳线相反，出现上短下长小阳线，其较长的下影线通常代表着买方的支撑力非常明显。

（3）投资者要根据上短下长小阳线出现的空间位置，结合第二个交易日的股价变化，提高警惕，准确地辨认出是见顶信号或见底信号。若该小阳线被判断为中继性质，则具有助涨或助跌的作用。

▶ **实盘精解**

本钢板材（股票代码：000761）股价经过一段时间的下跌，于2017年5月24日收获了一根上影线较短、下影线较长的阳线。当日该股的开盘价为4.61元，收盘价为4.66元，最高价为4.69元，最低价为4.52元，计算当日K线实体部分的价格波动为1.07%，可以判断该阳线为上短下长小阳线（如图3-4所示）。

图3-4 2017年4月至7月本钢板材K线图

上短下长小阳线的出现说明该股的买方力量获得了较大的支撑力，多空双方之间的竞争很激烈。5月25日该股再次收出一根上短下长的小阳线，并突破了前一日上短下长小阳线的价格，因此可以判断5月24日股价见底，意味着后市行情看涨。

从图3-4中也可以看出，上短下长小阳线出现后行情开始不断上涨，截止到2017年7月11日该股已经上涨到了5.95元的最高价。

3. 上下影均衡小阳线

▶ **基础速读**

（1）上下影均衡小阳线，顾名思义，就是指小阳线的上下影线长度大致相等（如图3-5所示）。

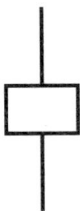

图3-5 上下影均衡小阳线示意图

（2）上下影线的长度代表着市场中买卖双方的争夺，上下影线的长度越长代表着买卖双方之间的竞争越激烈，后面行情的变动也就越大。相反，若是上下影线都比较短，则代表此时买卖双方处于休战状态。

（3）上下影均衡小阳线若在一段明显的上升（下跌）趋势中出现，多数情况下是中继性质的小阳线，具有助涨（助跌）的作用。

（4）上下影均衡小阳线出现的当日并不是投资者进行布局操作的最佳时机，通常情况下，我们会选择在跟踪日之后确定K线性质，再进行布局。

▶ **实盘精解**

利亚德（股票代码：300296）2017年5月从高位向下跳空，股价在低位运行了很长一段时间。将低位区域的股价放大可以发现，2017年7月11日该股收获一根带有上下影线的阳线，当日开盘价为18.30元，最高价为18.80

元，最低价为17.91元，收盘价为18.41元，经过计算该股实体部分代表的价格波动为0.6%，上下影线代表的价格均为0.39元，因此可以判断该阳线为上下影均衡小阳线（如图3-6所示）。

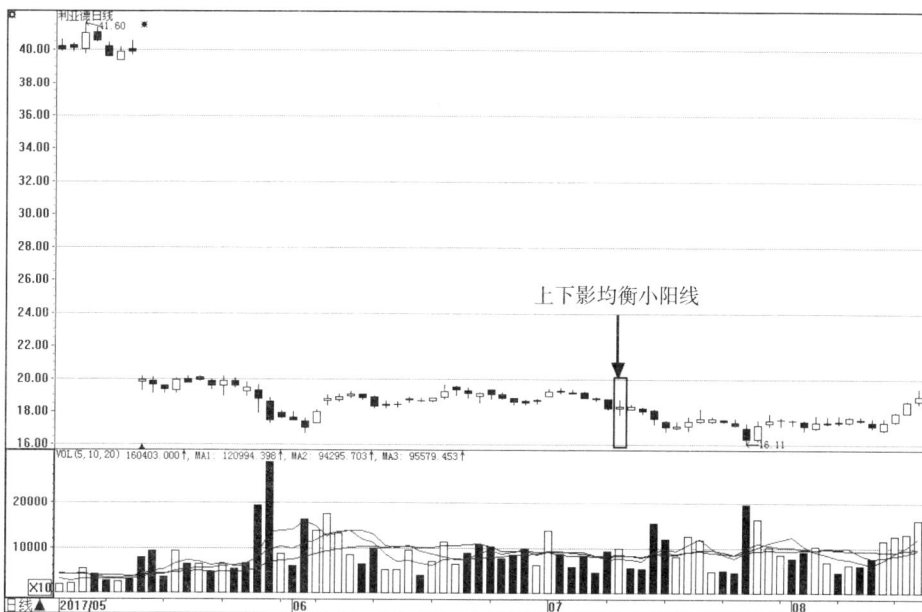

图3-6　2017年5月至8月利亚德K线图

从整体的行情上看，该上下影均衡小阳线处于行情整理的阶段，因此对于投资者来说其参考意义并不是很大。若要对后市行情进行分析，可以结合其他的技术指标。

4.光头小阳线

▶ **基础速读**

（1）若上影线代表头，下影线代表脚，那么光头小阳线就是指有下影线而没有上影线的小阳线，此时股票的最高价格等于收盘价格（如图3-7所示）。

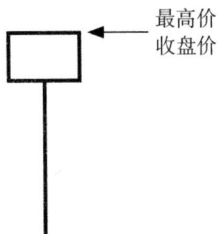

最高价
收盘价

图3-7 光头小阳线示意图

（2）光头小阳线的形态像极了一把锤子，因此也可以称为锤子线。

（3）下影线的长短是关注的重点，光头小阳线的下影线越长，说明具有越强大的支撑力。

（4）通常在底部区域出现光头小阳线代表着控盘主力正在低位回补，因此可以视为一个典型的买入信号。此时激进型的投资者可以选择跟着主力的脚步积极建仓加入，但是一些喜好短线投资的股民，还是应该慎重考虑，不需要过早地进入。

（5）光头小阳线出现，一定要先确定好其性质属见顶性质、中继性质还是见底性质，再进行正确的布局。

▶ **实盘精解**

中炬高新（股票代码：600872）股价在缓慢回升的过程中出现整理阶

段，2017年9月4日收了一根只有下影线的阳线，当日开盘价为21.65元，最高价为21.96元，最低价为21.26元，收盘价为21.95元。经计算K线实体部分代表的价格波动为1.01%，因此该阳线为光头小阳线（如图3-8所示）。

图3-8　2017年5月至10月中炬高新K线图

5. 光脚小阳线

▶基础速读

（1）当行情中出现的小阳线只有上影线而没有下影线，我们就可以称该K线为光脚小阳线，那么开盘价即为当日的最低价。光脚小阳线的形态如同一把倒立的锤子，因此也可以叫作倒锤头线（如图3-9所示）。

（2）光脚小阳线的上影线越长，则代表着买方占据更大的优势，但此时上涨的压力也越大。

（3）在上涨趋势的尾端出现光脚小阳线，投资者一定要引起注意，该小阳线可能代表着见顶信号，意味着后市行情将会发生反转，上影线越长后市行情反转的可信度就越强。

（4）相反，光脚小阳线在一段下跌趋势的尾端出现，可能就是见底信号的发出，后市行情可能会由跌势转为涨势。若在光脚小阳线出现后的第二个交易日行情继续收出阳线，那么投资者就可以正式确认该信号为见底信号，此时就可以考虑介入。

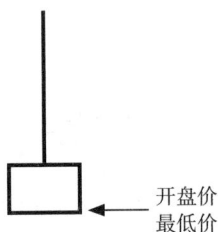

图3-9 光脚小阳线示意图

▶ **实盘精解**

五洲新春（股票代码：603667）2017年7月股价见底回升，在明显的上升趋势中于2017年8月3日收获了一根光脚阳线，当日股价开盘价为21.07元，收盘价格为21.21元，最高价为21.65元，最低价为21.07元，计算K线的实体部分得出该阳线的实体部分价格波动为0.67%，属于光脚小阳线。

光脚小阳线出现后趋势变得平稳，2017年8月10日该股收获一根向上突破的阳线，此时就可以判断光脚小阳线属于中继性质，具有助涨的作用，从实际股价也可以看出后市行情仍在不断上涨。投资者可以选择在确定光脚小阳线性质后建仓，就能收获一波盈利（如图3-10所示）。

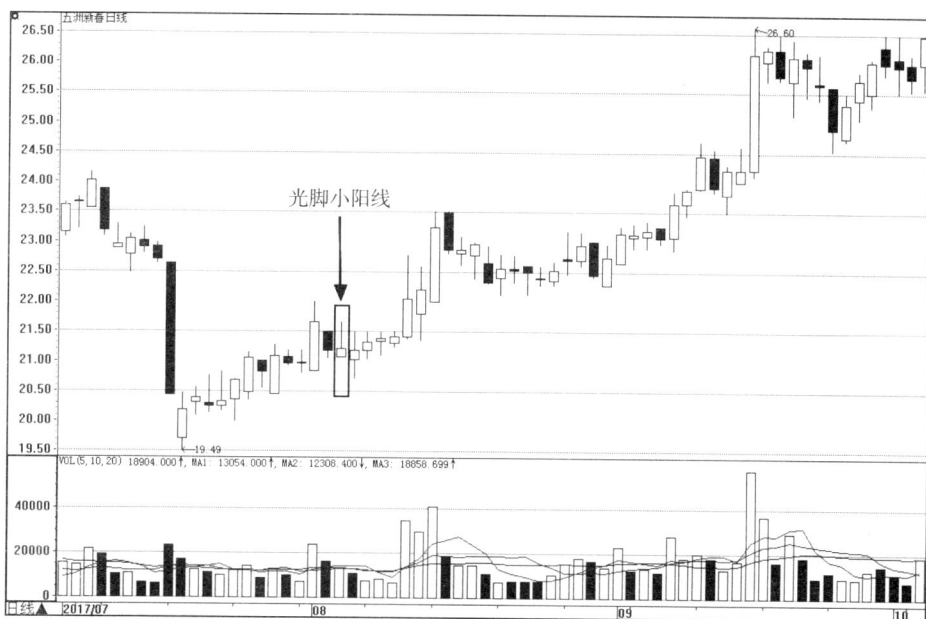

图3-10　2017年7月至10月五洲新春K线图

6. 假小阳线

▶ **基础速读**

（1）假小阳线和小阳线在形态上是完全相同的，如果不经过仔细判断是很难区分开的（如图3-11所示）。

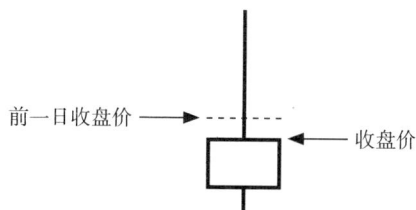

图3-11　假小阳线示意图

（2）假小阳线和小阳线最根本的区别在于，通常情况下小阳线的当日收盘价往往会比前一个交易日的收盘价高，而假小阳线却恰恰相反，其当日的收盘价会比前一交易日的收盘价还要低。

▶ **实盘精解**

2017年8月11日，富森美（股票代码：002818）收获了一根光脚阳线，当日的开盘价为34.21元，收盘价为34.50元，计算该阳线的实体部分价格波动为0.83%，因此可以判断该阳线为小阳线。从实际盘面上可以看出这根光脚小阳线的收盘价比前一交易日的收盘价要低，可以判定该小阳线为典型的假小阳线（如图3-12所示）。

图3-12　2017年6月至10月富森美K线图

※ 高手如是说

1.对于投资者来说，阳线总是让人欣喜的，即使它的长度并不足以让我们兴奋。但小阳线中蕴藏着的信息也并不都是乐观的，还需要投资者配合它的上下影线进行具体分析，才能得出准确答案。

2.如果小阳线没有上影线或上影线很短，那么代表买方强势，上涨的势头很可能会继续。但如果上影线很长，则代表卖方开始发力，后续的股价很可能会下跌。

3.在这些小阳线中，需要我们特别留意的是假小阳线。虽然收盘价高于单个交易日的收盘价，但却没有突破前一日的收盘价，整体上来看明涨实跌，还需谨慎对待。

第二节　认识小阴线

》　形态识别

（1）小阴线的实体部分往往较短，且上下影线会有不同的变化。

（2）通常我们将实体部分代表的价格波动在0.6%～1.5%范围内的阴线称为小阴线。

（3）根据上下影线的长短可将小阴线分为：上长下短、上短下长、上下影均衡、光头、光脚和假小阴线。

（4）小阴线在盘面上代表的是空方力量略占优势，使得股价下跌，最后收盘。

（5）小阴线常常出现在明显的下跌趋势中或者下跌行情的尾端。

》　应对策略

（1）在一段明显的下跌行情中出现小阴线，通常都具有助跌的效果。

（2）小阴线出现在下跌行情的末尾部位，经过跟踪日的确认后若为见底性质，则意味着后市行情看涨。

（3）小阴线在不同位置出现代表着不同的技术含义，但是其发出的信号并不强烈。

（4）多根小阴线组合往往比单独一根小阴线发出的信号更明显、作用也更大些。

1. 上长下短小阴线

▶ **基础速读**

（1）上长下短小阴线是指小阴线的上影线较长，而下影线较短的形态（如图3-13所示）。

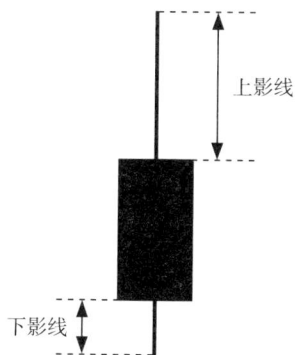

图3-13 上长下短小阴线示意图

（2）上长下短小阴线的上影线越长，代表着行情上涨的压力越大，此时投资者最佳的操作策略是选择观望。

▶ **实盘精解**

焦点科技（股票代码：002315）股价在上升的过程中，于2017年8月29日出现了一根上影线较长、下影线较短的阴线，当日该股的开盘价为26.84元，收盘价为26.43元，最高价为27.48元，最低价为26.26元，计算阴线的实体部分价格波动为1.5%，属于上长下短小阴线（如图3-14所示）。

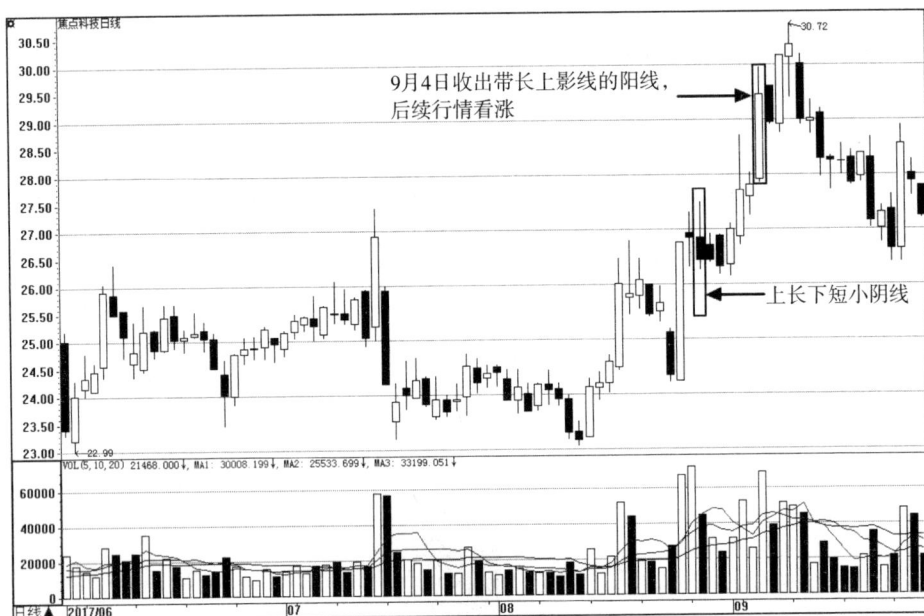

图3-14 2017年6月至9月焦点科技K线图

　　该小阴线的上影线较长，因此表示股价上涨存在着一定的压力，从图
3-14中可以看到，上长下短小阴线出现之后，在接下来的三个交易日中股价
都没有突破上长下短小阴线的上影线，但随后在9月4日该股收出一根带有长
上影线的阳线，并且高立于上长下短小阴线的上方，后市行情将继续看涨。

2. 上短下长小阴线

▶ **基础速读**

　　（1）上短下长小阴线是指小阴线的上影线较短，而下影线较长（如图
3-15所示）。

（2）上短下长小阴线的技术含义同样要根据其出现的位置而定，通常情况下下影线越长则表明买卖双方之间的争夺越激烈，此时市场仍处于动荡的局面，买方只是暂时占据一定的优势。

（3）判断上短下长小阴线发出的信号意义，同样需要通过几个交易日的观察，才能确认性质，做出正确的布局。

图3-15　上短下长小阴线示意图

▶**实盘精解**

麦捷科技（股票代码：300319）2017年6月股价整体呈下跌趋势，7月12日在下跌的过程中收出一根带有较长下影线的阴线，当日开盘价为8.71元。收盘价为8.60元，K线实体部分代表的价格波动为1.3%，判断该阴线属于上短下长小阴线（如图3-16所示）。

小阴线的下影线较长，说明此时市场上买卖双方之间的竞争尤为激烈，整体局面仍然很不稳定，此时投资者应该选择场外观望。7月17日该股收出一根大阴线并且跌破7月12日出现的上短下长小阴线，因此意味着后市行情将继续看跌。

图3-16　2017年6月至9月麦捷科技K线图

3.上下影均衡小阴线

▶ **基础速读**

（1）上下影均衡小阴线是指上下影线的长度几乎相等，通常情况下其上下影线的振幅都在6%范围内（如图3-17所示）。

（2）在一段上涨行情的中途出现上下均衡小阴线，通常都是中继性质的，后市行情仍会保持原来的上涨态势。而如果在一段下跌行情中出现，投资者就应该判断其属于见底性质还是中继性质。

图3-17 上下影均衡小阴线示意图

▶ **实盘精解**

美盈森（股票代码：002303）在一段震荡回升的过程中于2017年9月26日收获了一根阴线，当日的开盘价为8.16元，最高价为8.23元，最低价为8.07元，收盘价为8.14元。阴线的上影线和下影线代表的价格均为0.07元，因此可以确定该阴线为上下影均衡小阴线（如图3-18所示）。

图3-18 2017年6月至10月美盈森K线图

4. 光头小阴线

▶ **基础速读**

（1）光头小阴线最大的特点就是其形态只有下影线而没有上影线，开盘价和当天的最高价相等，此时卖方更占优势（如图3-19所示）。

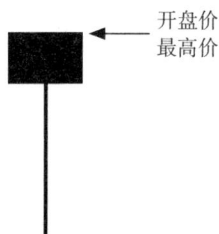

图3-19 光头小阴线示意图

（2）根据光头小阴线出现的位置，我们可以判断出其不同的技术含义。在行情的底部区域出现光头小阴线往往代表着控盘主力正在吸筹打压，此时投资者应该耐心地观察，再做打算。

▶ **实盘精解**

新华都（股票代码：002264）2017年3月13日行情在下跌的过程中出现光头阴线，当日开盘价为10.55元，最高价为10.55元，最低价为10.26元，收盘价为10.45元，经计算该阴线的实体部分代表的价格波动为0.9%，属于光头小阴线（如图3-20所示）。

图3-20 2017年1月至9月新华都K线图

5.光脚小阴线

▶ **基础速读**

（1）光脚小阴线是指实体较短的阴线，带有上影线而不存在下影线，即股价当日的最低价和收盘价相等（如图3-21所示）。

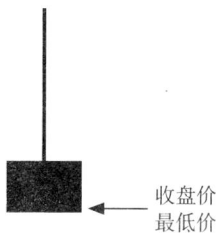

图3-21 光脚小阴线K线图

（2）光脚小阴线的上影线可长可短，其出现位置不同往往具有不同的技术含义。

（3）光脚小阴线通常被视为行情进入整理状态的典型性信号，常出现在行情底部或者股价拉升的过程中。

（4）当底部区域出现光脚小阴线的时候，则是由控盘主力进行打压吸筹导致的；而光脚小阴线出现在股价上升途中时，便意味着行情的整理阶段快要结束了，此时投资者可以选择适当的时机介入。

▶ **实盘精解**

世荣兆业（股票代码：002016）2017年7月10日的开盘价为8.91元，最高价为9.03元，最低价为8.85元，收盘价为8.85元。收盘价与最低价相同，经计算该阴线实体部分代表的价格波动为0.67%，属于光脚小阴线（如图3-22所示）。

图3-22 2017年5月至10月世荣兆业K线图

6. 假小阴线

▶ **基础速读**

（1）假小阴线的形态和小阴线完全相同（如图3-23所示）。

（2）假小阴线和小阴线最根本的区别在于，小阴线出现当日的收盘价总是比前一交易日的收盘价更低，而假小阴线出现当日的收盘价却高于前一日的收盘价。

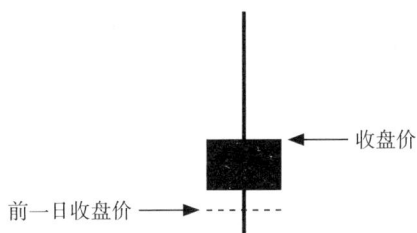

图3-23　假小阴线示意图

▶ **实盘精解**

浙江东日（股票代码：600113）2017年9月15日的开盘价为14.34元，最高价为14.46元，最低价为14.09元，收盘价为14.25元，阴线实体部分的价格波动为0.63%，因此该阴线属于小阴线。

而观察前一日即9月14日的收盘价为14.18元，收获小阴线当日的收盘价比9月14日的收盘价要高，这意味着9月15日收获的小阴线为假小阴线（如图3-24所示）。

图3-24 2017年5月至10月浙江东日K线图

※ 高手如是说

1.对于广大投资者来说，小阴线并不如小阳线来得讨喜。但在小阴线中也常常隐藏着很多投资信息，所以非常值得我们分析、学习。

2.对小阴线进行分析和判断，我们往往需要将目光放在它的上下影线中。如果上影线较长，则代表卖方实力较强，股价很难上涨。如果下影线较长，则代表买家已经开始发力，下跌的股价走势很可能发生变化。

3.同小阳线一样，小阴线一族中也会夹杂着假阴线。虽然当日的收盘价低于开盘价，但对比前一日的收盘价却是有所上升的，总体上来看是明跌实涨，需要我们仔细留意。

第三节 中继小K线

» 形态识别

（1）在一段上涨或下跌行情中间出现的小K线为中继性质。

（2）中继小K线的振幅一般都在5%之内，无论是在上涨还是下跌行情中出现，成交量几乎是没有明显变化的。

（3）在上涨行情中途出现的中继小K线常常是上下均衡的小K线或者是带有较长下影线的小K线。而在下跌中途出现的中继小K线多为带有较长的上影线的小K线。

（4）中继小K线在股市中出现的频率比较多，而且常常连续出现，形成中继K线组合。

（5）在中继K线组合中常会有多根小阳线、小阴线甚至是中阳线、中阴线等多种组合，这就是所谓的平台整理状态。

» 应对策略

（1）中继性质的小K线具有助涨助跌的作用，若在上涨行情中途出现，那么后市将继续看涨，在下跌趋势中途出现则多是助跌作用。

（2）通常情况下，投资者不会只判断中继K线就进行布局操作。

（3）通常我们将上涨过程中出现的中继小K线当成持股信号，而下跌过程中出现的中继小K线则认为是持币信号。

（4）投资者一定要准确地判断出小K线是否属于中继性质，防止错过最佳布局时机。

1. 上涨趋势中的中继小 K 线

▶ **基础速读**

"中继小K线"一词中，"中继"的意思是两个交换中心之间的一条传输通路，所以小K线有可能是小阳线，也有可能是小阴线。在股价整体处于上涨的趋势中，中继小K线往往是上下影线长度相差不大的小阳线或小阴线。

▶ **实盘精解**

神火股份（股票代码：000933）2017年5月5日股价跌至相对低点位置，随后行情开始缓慢回升上涨，7月6日收出了一根小阳线，阳线实体部分代表的价格波动在1.01%，小阳线出现之前，该股股价已经有了上涨趋势。

小阳线出现后的几个交易日，股价依旧不断攀高，因此可以判断该小阳线为中继小K线。后市行情将继续看涨，截止到8月9日该股股价已经上涨到15.25元，随后行情开始进入整理阶段（如图3-25所示）。

图3-25 2017年5月至10月神火股份K线图

上涨趋势中不仅可以出现中继性质的小阳线，同样也可以出现中继性质的小阴线。例如，三友化工（股票代码：600409）在2017年6月股价进入上涨阶段，在上涨的过程中于7月13日收获一根实体部分价格波动约为1.50%的小阴线（如图3-26所示）。

从图3-26中可以看到，小阴线出现之后股价在短时间内波动并不明显，7月19日收获一根实体较长的阳线，该阳线站在小阴线之上，随后行情开始继续上涨。截止到8月8日，股价上涨到了相对高点位置，当日最高股价为13.41元。

图3-26 2017年3月至8月三友化工K线图

回顾这段上涨行情，可以发现小阴线大致位于上涨行情的中间部位，因此判断该小阴线为中继性质。对于投资者而言，在一段上涨趋势中，中继小阳线发出的信号往往比中继小阴线发出的信号更可靠。

2. 下跌趋势中的中继小K线

▶ 基础速读

在股价陷入跌势时出现中继小K线，无论是小阴线还是小阳线，往往代表股价跌势还会持续，再创新低。

▶**实盘精解**

山东矿机（股票代码：002526）在2017年3月份复牌后，股价上涨到了相对高点位置，当时股价最高为12.17元。随后行情开始下跌，下跌的速度较快并收出几根中阴线。4月19日收出了一根光头小阴线，此时投资者应该耐心等待。

光头小阴线出现后，连续两日收出小阳线，并且小阳线都没有突破光头小阴线的下影线，直到4月24日再次收出一根实体较长的阴线，因此可以判断4月19日出现的光头小阴线为中继性质（如图3-27所示）。

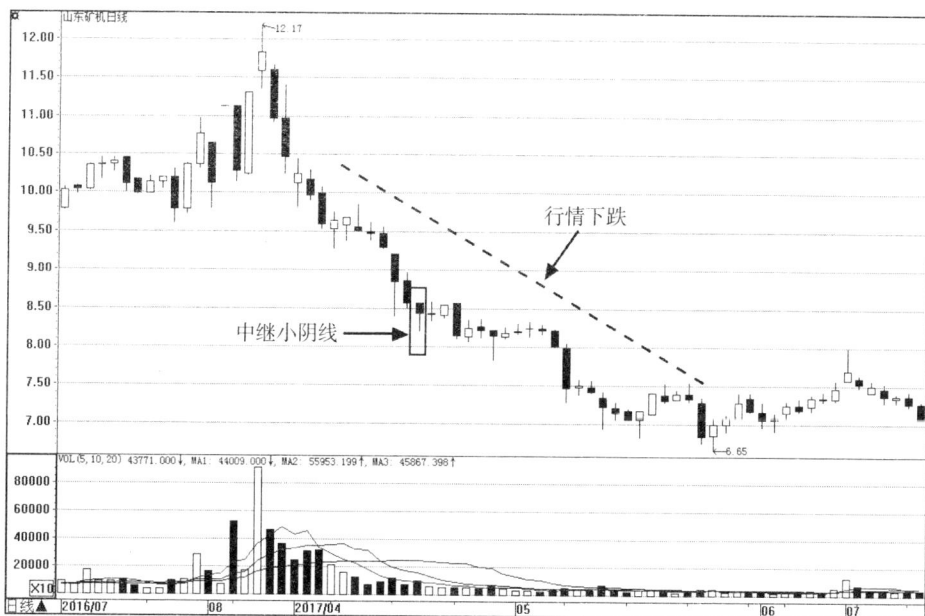

图3-27 2016年7月至2017年7月山东矿机K线图

光头小阴线出现后，行情趋于平缓，但整体还是呈现下跌趋势，截止到5月24日该股已经下跌到了6.65元的低点。

再来看看豫能控股（股票代码：001896），2017年2月23日该股上涨到了13.09元的高点，随后股价在高位进行了一段时间的横盘整理状态，直到4月5日股价收出了一根光头中阴线，至此横盘整理的状态被打破，股价开始呈现下跌趋势。

在下跌的过程中，该股出现了多根小阳线，但在这些小阳线出现后的第二个交易日，都再次收获阴线，总的来说小阳线在这段明显的下跌行情中发出的信号并不强烈，因此可以判断这些小阳线属于中继性质的小K线（如图3-28所示）。

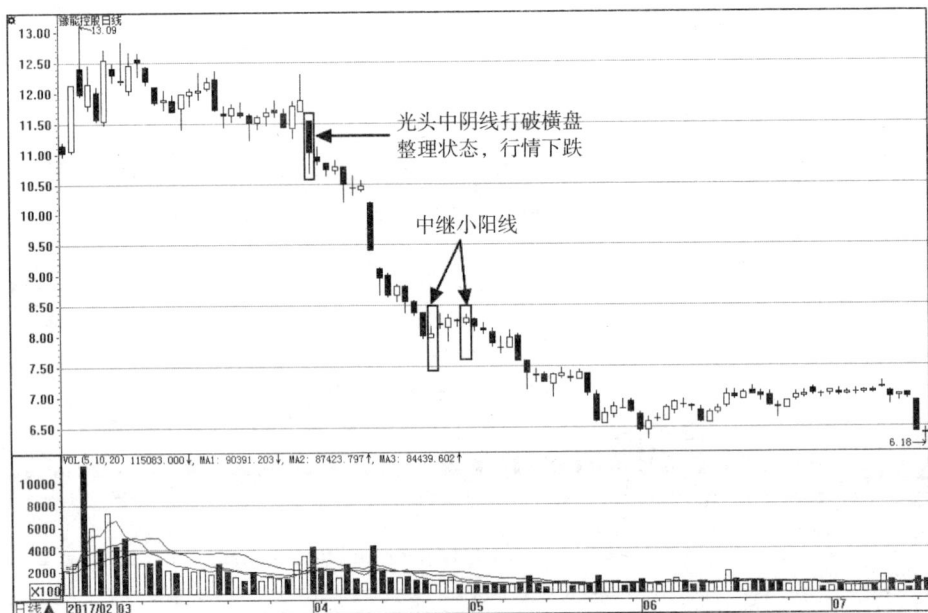

图3-28 2017年2月至7月豫能控股K线图

3. 上涨趋势中的中继 K 线组合

▶ 基础速读

带有中继性质的K线往往不会单独存在，有时相邻的具有相同性质的
K线还可以成为中继K线组合。当股价整体处于上涨趋势中出现中继K线组
合，往往预示着股价还有一段可以攀升的空间。

▶ 实盘精解

古井贡酒（股票代码：000596）从盘面的整体走向上看，该股处于上涨
阶段，2017年9月21日行情进入到一小段横盘状态，横盘整理期间收获了多
根中阴线、中阳线、小阴线以及小阳线，我们可以把这段时间内出现的K线
统称为K线组合（如图3-29所示）。

图3-29 2017年6月至10月古井贡酒K线图

观察图3-29可以发现，组合中的K线下影线都比较长，意味着支撑力比较强烈。同时，平台整理的过程中成交量出现了明显的缩量，经过五个交易日的平台整理，该股收获一根大阳线，并突破压力线，随后行情开始大幅度上涨。

K线组合进行小平台整理后，行情继续上涨，因此可以认定该K线组合为中继性质。面对这样的情况，投资者可以耐心持股，等待股价的上涨。

4. 下跌趋势中的中继 K 线组合

▶ 基础速读

当股价整体处于跌势时同样可能出现中继K线组合的身影，预示着股价很可能还未探到底部，跌势将会持续。

▶ 实盘精解

中继K线组合不仅能出现在上涨趋势中，在下跌趋势中同样可以出现。正如中恒电气（股票代码：002364），在一段下跌行情中该股连续出现了多根小阴线、小阳线的K线组合，期间振幅均在3%左右（如图3-30所示）。

中恒电气在平台整理期间成交量发生了明显的缩小，终于在2017年4月24日小平台整理的第七个交易日，该股收出一根下影线较长的小阴线，随后行情缓慢地跌破小阴线的下影线，直至出现大阴线，股价跌到了相对低点位置。

从图3-30中可以发现小K线组合大致位于整个下跌趋势的中间部位，可以判断其为中继K线组合，那么后市行情看跌，对于还未进场的投资者来说，持币场外观望是最好的选择。

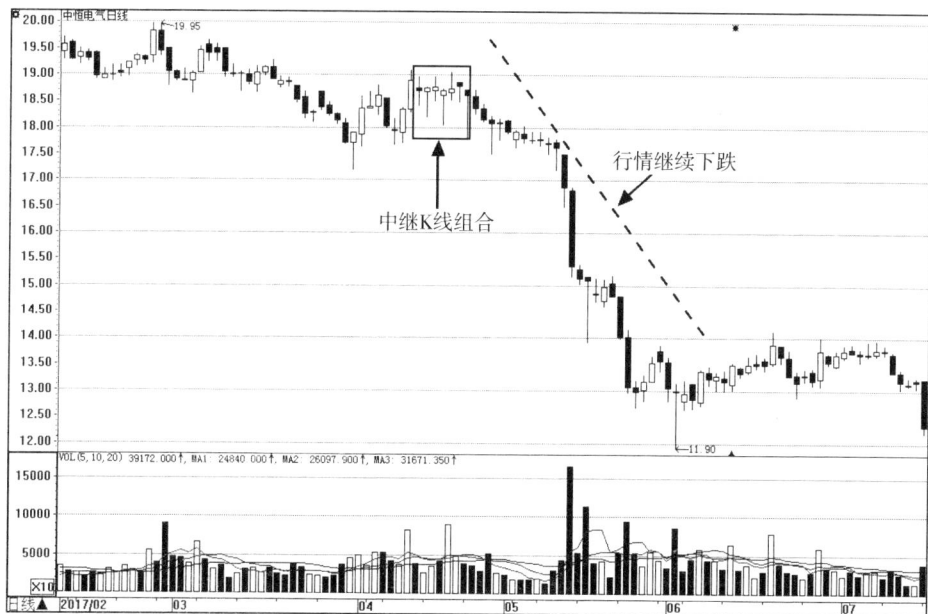

图3-30　2017年2月至7月中恒电气K线图

※ 高手如是说

1.中继K线作为股票走势中的中转站，往往起着承上启下的作用。当具有中继性质的K线出现后，原本上涨的走势往往会继续上涨，原本下跌的走势也不会出现改变。

2.中继K线的出现恰恰给投资者提供了很好的反应时间。投资者可以在这段时间内，根据股票原有的走势进行加仓、建仓或者减仓、清仓的操作。所以，中继K线十分有利于我们的投资行动。

第四节　见顶小K线

» 形态识别

（1）见顶小K线顾名思义常发生在上涨趋势的尾部阶段，通常都处于高位。

（2）见顶小K线常表现为上长下短小K线，也会是上下影均衡小阳线或小阴线。

（3）判断行情中是否出现见顶小K线，需要通过下一个交易日的K线进行跟踪确认。

（4）见顶小K线一般情况下会伴随成交量的突然放大或缩小。

（5）很多情况下，在出现见顶小K线后，行情会在接下来的交易日中进行平台整理，同时演变出多种K线，即所谓的见顶K线组合。

» 应对策略

（1）见顶小K线的出现通常意味着后市行情将会发生反转，走势将由升势转为跌势。

（2）判断见顶小K线一定需要经过确认，因为很有可能在见顶小K线出现的第二个交易日，股价会继续上涨并在见顶小K线之上，若出现这种情况，该小K线只能被认定为是中继性质的小K线，那么它就有助涨的作用。

（3）若第二个交易日中股价下跌并处于见顶小K线下方，则能够确认该小K线为见顶性质，此时投资者就应该及时清仓，以免后市行情下跌造成重大损失。

（4）特殊情况下，见顶小K线出现后行情会顺势回调，若在回调的过程中股价突破压力线并有上涨趋势，那么行情将继续看涨。

1. 见顶小K线

▶基础速读

见顶小K线的意思十分容易理解，在涨势已经处于尾声阶段，股价达到最高点时，触碰到顶点的小K线为见顶小K线。

▶实盘精解

平治信息（股票代码：300571）2017年7月7日公司公布高比例送转方案后，顺利地迎来了第一个涨停板，并在第二个交易日即7月10日股价涨幅达到了9.38%，随后是连续五个交易日的大跌，下跌幅度甚至达到了27%（如图3-31所示）。

从图3-31中可以发现，2017年7月10日该股收获了一根光头小阴线，并且带有长长的下影线，说明此时买方支撑力比较强。但7月11日收获的阴线直接跌破了光头小阴线的下影线，至此可以判断该小阴线为见顶小阴线，出现见顶性质的小K线意味着后市行情将会发生反转。

除此之外，股价下跌的过程中成交量同步出现缩量，出现了价跌量缩的状态，因此可以更加肯定后市行情下跌的可能性。7月10日该股股价达到了高点位置，当日股价最高为184.04元，见顶小阴线出现后行情下滑，截止到8月11日股价已经跌至109.08元，期间跌幅为40.73%。投资者若没能准确地识别这一态势，将会遭遇重大的损失。

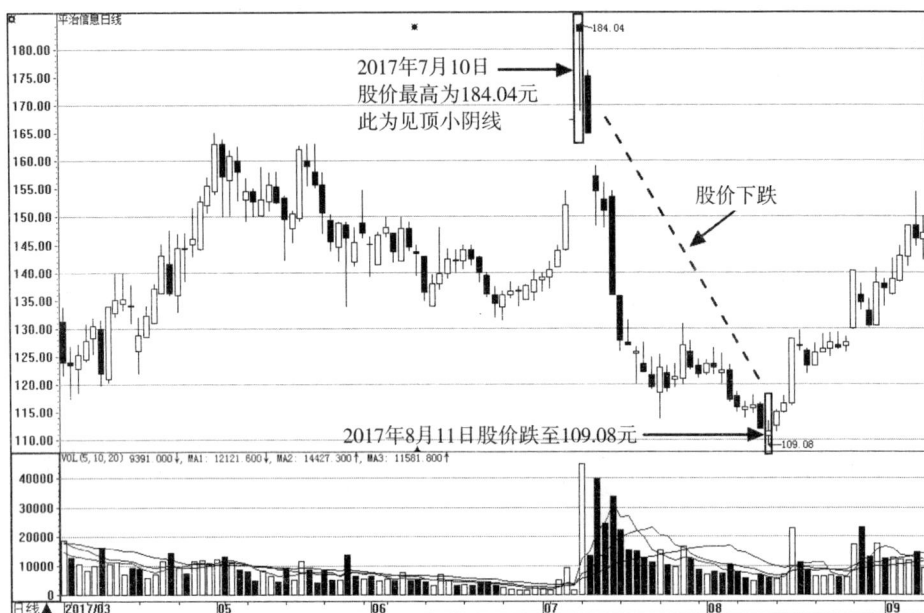

图3-31　2017年3月至9月平治信息K线图

无独有偶，让我们再来看看华达科技（股票代码：603358）。2017年3月27日该股股价上涨到了高点，收出了一根小阳线，当日股价最高为72.80元。第二个交易日即3月28日该股收获一根中阴线，该中阴线并没有突破小阳线的上影线，反而直接跌破下影线，之后行情便开始一路下跌（如图3-32所示）。

因此，可以判断该小阳线为见顶性质，后市行情看跌。下跌的过程中股价多次进行回调，但是始终没有突破压力线，截止到7月18日该股股价已经跌至45.01元，期间跌幅达到了38.17%。投资者在判断小阳线为见顶性质时，一定要经过几个交易日的跟踪确认才能下结论，否则可能会出现判断失误的情况。

图3-32 2017年3月至7月华达科技K线图

2. 见顶 K 线组合

▶ **基础速读**

见顶K线有时并不是孤零零的一根，当股价在顶部徘徊时可能会出现见顶K线组合，随后股价会发生回落。

▶ **实盘精解**

视觉中国（股票代码：000681）2017年3月该股是处于下降趋势的，但我们这里节选的是下跌趋势中的一段上涨行情。2017年3月8日该股上涨到了相对高点位置并收出了一根小阳线，当日股价最高为20.65元，随后股价进入到了一小段横盘整理的阶段，从而构成了K线组合，在组合中不但有小阳线、小阴线，还有部分中阳线甚至中阴线（如图3-33所示）。

图3-33 2017年1月至7月视觉中国K线图

经过11个交易日，终于在3月24日该股收获了一根大阴线，该大阴线的出现打破了横盘整理的状态，至此我们可以确认此次出现的K线组合为见顶性质，那么意味着后市行情看跌。见顶K线组合出现后，行情大幅度下跌，股价多次回调但始终没有突破。

对于投资者而言，最佳的操作策略是在见顶信号出现后将手中的持股清仓。等到行情回调，确认见底信号出现后，再根据具体的情况进行布局。

※ 高手如是说

在股市中，涨久必跌、跌久必涨是不变的真理。在一段涨势已经进入尾声时必定会出现触碰到顶点的K线。一般这根K线会伴有较长的上影线，因为股价攀升至顶点，受到阻力的压迫就会快速下跌。如果发现见顶K线，应该立即卖出手中股票，以防被后续的跌势打个措手不及，利益受到损失。

第五节　见底小K线

》　形态识别

（1）和见顶小K线相反，见底小K线常常出现在一段连续的下跌行情的末尾阶段。

（2）通常见底小K线都为上短下长小阳线或者小阴线，也会出现上下影均衡的小K线。

（3）一般情况下出现见底小K线成交量都会出现地量的状态，而在一些重要的底部位置出现小K线通常都会配合明显的成交量变化。

（4）出现见底小K线后，后市行情也可能形成见底性质的K线组合。

》　应对策略

（1）见底小K线的出现常被视为是行情转势上升的信号。

（2）和见顶小K线一样，见底小K线也需要经过几个交易日的跟踪和确认才能判定成立，否则很有可能会是中继性质的小K线。

（3）若见底小K线被确认，那么投资者就可以放心大胆地加仓或者及时介入。若无法确认应该多等几个交易日再确认，或者结合其他的技术指标进行判断。

1.上涨趋势中的见底小K线

▶ 基础速读

当股价持续下跌，进入谷底时，触碰到底线价位的小K线被称为见底小

K线。见底小K线常常出现在跌势的尾声，或者涨势的初期，可能是小阳线也可能是小阴线。

▶**实盘精解**

南洋股份（股票代码：002212）于2017年8月8日在底部位置收获一根阳线，当日开盘价为12.93元，最高价为13.20元，最低价为12.50元，收盘价为13.01元，实体部分代表的价格波动为0.62%，因此判断该阳线为小阳线。

该小阳线出现后，该股连续收出两根向下走势的阴线，但是阴线都没有向下突破小阳线的下影线，8月15日该股收出一根阳线并向上站立于8月8日小阳线之上，随后行情一路高涨。至此可以判断8月8日收获的小阳线为见底小K线，后市行情看涨，截止到10月9日股价已经上涨到了18.87元的位置（如图3-34所示）。

图3-34 2017年4月至10月南洋股份K线图

再来看看海航基础（股票代码：600515），2017年6月2日该股股价在下跌到底部位置时收获了一根小阴线，随后该股连续三日收获阳线并站在小阴线之上，因此判断该小阴线为见底小阴线，后市行情看涨（如图3-35所示）。

图3-35 2017年4月至10月海航基础K线图

除此之外，观察该股的MACD指标，从6月7日开始DIFF自下而上穿过DEA坐标形成金叉，多个交易日后形成死叉，但很快又形成金叉，形成了空中加油的形态，因此增加了后市行情上涨的可信度。

对于投资者而言，可以选择在确认见底信号之后进行建仓。若错过了机会，也可以选择在空中加油完成时建仓，同样可以收获一波盈利。

2.见底K线组合

▶ **基础速读**

当股价在底部徘徊多日时，经常会出现见底K线组合。和单个见底K线相同，见底K线组合也预示着股价即将上涨。

▶ **实盘精解**

初灵信息（股票代码：300250）的股价于2017年7月18日下跌到相对低点位置，随后走出了一段振幅在2%左右的整理区间，这一区间中的K线就是K线组合。其中包含了小阴线、小阳线甚至是中阳线，与此相对应的成交量也发生了同步缩量。7月27日股价向上突破了整理阶段，确认之前出现的K线组合为见底K线组合。

见底K线组合出现之后，股价将出现大幅度上涨。对于投资者来说，选在7月27日确认K线组合为见底性质后便可以进行建仓（如图3-36所示）。

图3-36 2017年5月至10月初灵信息K线图

3.见底 K 线组合之重要底部

▶**基础速读**

和普通见底K线组合不同，能被称作"见底K线组合之重要底部"还需要成交量的配合。在重要底部出现后，成交量都会有明显的增加，随之而来的股价也会水涨船高。

▶**实盘精解**

中科金财（股票代码：002657）在一段下降趋势中，于2017年7月18日至26日期间出现了一小段振幅为3%左右的K线组合，这段组合中包含了小阳线、小阴线以及中阳线。7月27日，该股收获一根实体较长的阳线，因此判断之前的K线组合为见底K线组合，后市行情将看涨（如图3-37所示）。

图3-37　2017年5月至10月中科金财K线图

图3-37中，见底K线组合中的最低价格为25.01元，见底组合出现后行情迅速上涨，除此之外观察MACD指标可以发现，7月27日K线组合被确认为见底性质的同时，DIFF指标与DEA指标相交形成金叉，随后两条指标线开口向上，因此更加肯定了后市行情的涨势。截止到9月7日股价已经上涨到了33.24元，期间涨幅达到了32.91%。

※ 高手如是说

1.见底K线和见底K线组合往往具有反转股价走势的能力，也是众投资者喜闻乐见的情况。对于持股人来说，股价即将回暖，解套有望；对于想要进场建仓的投资者来说，股价已经见底，是吸货的最佳时间。

2.而见底K线之重要底部的出现更需要重点关注和分析，若有成交量的配合，股价接下来的回升势在必行，获利机会无限。

第六节 突破小K线

» 形态识别

（1）之所以称为突破小K线，是因为该K线常常是突破股价整理状态的关键点。

（2）突破压力线和冲破支撑线的小K线都具备突破性质。

（3）通常情况下，向上突破压力线的多数都是小阳线，而向下冲破支撑线的多为小阴线。

（4）特殊情况下，也会有小阴线突破压力线的情况，此时投资者应该提高警惕，准确判断出该小阴线是中继性质还是见顶性质，再做出正确的布局。

（5）同样的道理，小阳线向下冲破支撑线的情况更是极少，投资者应该引起重视。

» 应对策略

（1）突破小K线的出现往往意味着之前的状态被打破，新的行情趋势将会产生。

（2）小K线虽然同样具有突破性质，但是其发出的信号和可信度往往没有大K线发出的信号更强烈更具有技术意义。

（3）小K线向上突破压力线时是投资者最佳的进入时机，对于稳健型的操作者来说，可以选择在小K线突破压力线之后的跟踪日确认行情被突破后建仓。

（4）若呈现小K线向下突破的态势，对于投资者而言后市行情不容乐观，此时选择在场外观望是最佳的操作。

1. 突破压力看涨小K线

▶ **基础速读**

压力线常常成为股价上涨时的最大难题，股价因受到压力而难有寸进。这时能够突破压力线的K线则变得十分关键了，它往往能够引领股价继续攀升。

▶ **实盘精解**

西泵股份（股票代码：002536）2017年3月至8月期间形成了多个高点位置，并且几乎处于同一水平线，而股价几乎始终在这一水平线下方运行，因此该水平线为这段时间内的压力线。2017年8月16日该股向上跳空，收出一根小阳线，并成功突破了前期高点构成的压力线，后市行情看涨（如图3-38所示）。

小阳线出现后次日，股价出现在高位，因此确认行情突破。从图3-38中可以看到，突破小阳线出现后，股价确实呈现上涨趋势。

图3-38 2017年4月至9月西泵股份K线图

2.突破压力假看涨小K线

▶ 基础速读

股票的走势千变万化，没有人能够百分百准确地预测出走势。即使带有突破性质的K线也不例外，有的个股在突破压力线后可能还没开始爆发，就出现了回落，甚至重新跌落至压力线以下。

▶ 实盘精解

中国船舶（股票代码：600150）前期在高位形成了多个高点，2017年4月12日该股收获一根小阴线，并成功站立在前期高点构成的压力线之上，确认压力位被突破，那么后市行情本应该看涨，初步判断小阴线为突破性质的K线。

但是，之后的行情却不像预期的那样，反而在4月13日再次收获阴线，并且跌破前一日的K线的下影线，至此4月12日出现的小阴线确认为见顶性质。因此我们前面分析的突破信号为假突破。

股价在小阴线出现后便呈现下降趋势，同时成交量也发生了明显的萎缩且下跌幅度非常大，我们只能等待行情见底后再进行布局（如图3-39所示）。

图3-39 2016年12月至2017年6月中国船舶K线图

3. 跌破支撑看跌小 K 线

▶ 基础速读

与压力线对应，在股价下跌时往往会出现一条支撑线，撑托住股价使其不再继续下跌。但很多时候，支撑线并不能挡住下跌的势头，而刺穿这条支撑线的K线就变得尤为重要了。

▶ 实盘精解

桐昆股份（股票代码：601233）2017年2月2日股价上涨到了17.39元的高点位置，随后受市场因素的影响，股价进入到了下跌走势。下跌的过程中行情逐渐走出横盘整理的状态，股价上下波动却始终无法跌破支撑线。

终于，4月17日该股收获一根小阴线，小阴线直接跌穿前期形成的支撑线，随后行情开始大幅度下跌，截止到6月2日股价已经下跌到了11.40元（如图3-40所示）。

图3-40　2017年1月至6月桐昆股份K线图

※ 高手如是说

无论是撑破压力线的K线还是刺穿支撑线的K线，引人关注的原因都是其带有突破性质。在涨势中压力线被撑破，则代表股价很有可能再创高峰。股价在低谷时，支撑线的丧失常常代表股价将会一泻千里，再度下跌。但事事无绝对，有时具有突破性质的K线也并不能改变大局，在突破后的几个交易日中股价也可能会再度尘归尘土归土，回到以前的节奏中。所以，投资者不仅要关注具有突破性质的K线，还要结合多方信息，综合判断。

第七节　普通小K线

》 形态识别

（1）上文中我们讨论了见顶性质、中继性质、见底性质以及突破性的小K线，然而在实战中还存在着不属于这四种性质的小K线，通常我们将其余的小K线称为普通小K线。

（2）普通小K线在股市中是比较常见的，但是其发出的信号并不强烈，因此在实战中是可以被忽略的。

（3）普通小K线常常容易出现在行情盘整的阶段，但是并不带有明显的特征，因此几乎没有任何规律可循。

》 应对策略

（1）单根普通小K线的出现并不能代表某种信号的发出，但很多情况下，将连续几个交易日出现的普通小K线组合在一起往往代表着某种重要的信号。

（2）普通小K线的组合比单根小K线更具有研究意义和市场价值。

（3）普通小K线出现的机会很多，投资者一定要选择重点的小K线进行分析，才能增加判断的可信度。

1. 上涨趋势中的普通小K线

▶ **基础速读**

不同于突破小K线、见顶小K线以及见底小K线，多数K线除了向投资者表述当个交易日的股价情况外，并没有其他特殊含义，这样的小K线被称为普通小K线。

▶ **实盘精解**

珠海港（股票代码：000507）在2017年1月股价到达了相对低点位置，随后行情起暖上涨，在上涨的过程中走出了一段上升三角形形态。上升三角形形态中包含了大小不同的K线，其中的普通小K线单独拿出来分析并没有任何的意义。

再将三角形中的小K线作为一个整体进行观察，股价在三角形中上下波动，但始终无法突破三角形的上压力线，如能成功突破，那么后市行情将上涨。6月7日，该股收获了一根大阳线，阳线的大部分实体已经突破三角形的上压力线，6月8日再次收获大阳线，并完全处于高位，至此上升三角形确认突破有效，随后行情开始不断上涨。投资者可以选择在上升三角形被突破的时候进场，就能收获一波上涨行情（如图3-41所示）。

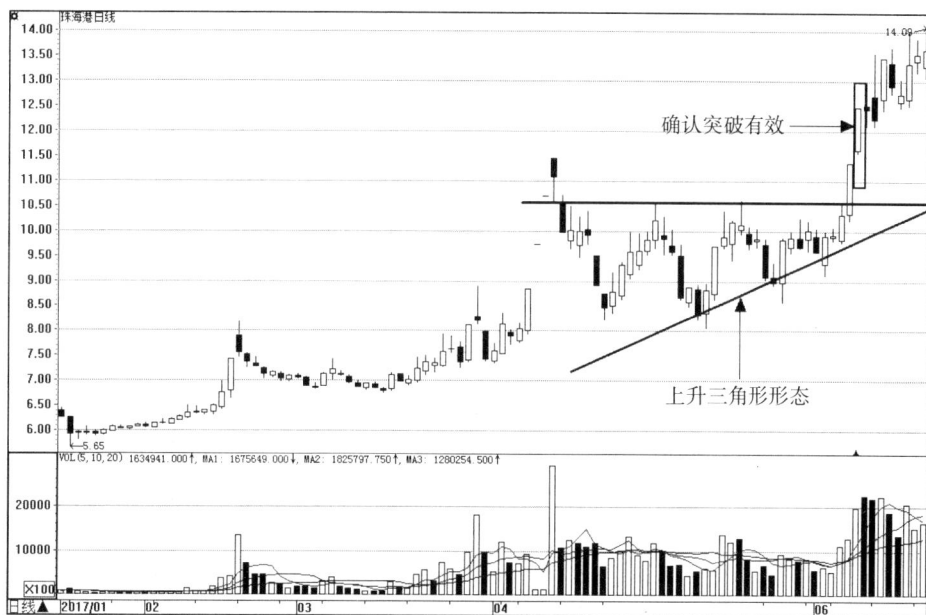

图3-41　2017年1月至6月珠海港K线图

2. 下跌趋势中的普通小K线

▶**基础速读**

无论是在涨势中还是跌势中，也不管收出的是阳线还是阴线，普通小K线都不具备改变股价走势的能力。

▶**实盘精解**

钱江水利（股票代码：600283）2017年4月12日上涨到高点位置随后股价下跌，在下跌的过程中出现了一段横盘整理的区域，将该区域股价波动的高点、低点进行连线，便形成了一个矩形整理形态。

股价在该矩形中上下波动，其中包含着诸多普通小K线，只有将这些小

K线放在整个矩形中进行技术分析才更具有意义。2017年7月14日矩形整理形态被突破，次日即4月15日该股收获一根较长的大阴线，随后行情下跌至低点位置（如图3-42所示）。

图3-42 2017年3月至8月钱江水利K线图

虽然在实战中投资者可以看到各种不同的K线，但并不是每条K线都具有技术意义，投资者需要选择关键的、重要的K线进行分析，同时结合其他技术指标，才能做到准确判断和预测。

※ 高手如是说

投资者们通常都会把目光和注意力放在突破K线、见顶K线、见底K线或者中继K线上，殊不知，在股市中普通的K线才是出现最多的。所以，了解普通的K线也非常有必要。

第四章

特殊K线操练

除了关于大小阴阳K线的知识以外，还有很多K线图形也值得投资者们研究和学习。有一些十分罕见的K线图形经常被投资者忽视和遗忘，可是一旦其出现在特殊位置并对股价走势起到重要作用时，就很可能使对其忽视的投资者错失良机或损失惨重。所以，与其亡羊补牢，不如未雨绸缪，提前做好知识储备，才能遇事果断，处变不惊。本章就为投资者们介绍一下其他特殊K线图的属性，以及当它们带有特定性质时预示股价会产生怎样的变化。

第一节　认识中阳线和中阴线

» 形态识别

（1）中阳线，K线实体部分的价格波动范围在1.6%～3.5%。

（2）中阴线，K线实体部分的价格波动范围在1.5%～5%。

（3）假中阳线和假中阴线在外形上与中阳线和中阴线没有区别，只是在当日收盘价和前一日收盘价存在差异。

（4）通常我们所说的涨停板就是呈"一"字线的形态。

（5）将T字线倒立过来就成了所谓的倒T字线。

（6）开盘价和收盘价几乎一致，同时配有上下影线，就是十字线。

» 应对策略

要根据K线出现的位置进行具体判断和确认，具体问题具体分析。必要的时候一定要结合多种技术分析工具，才能增加判断的可信度，做出最正确的应对。

1.中阳线

▶ **基础速读**

（1）中阳线表示股票的开盘价格低于收盘价格，即股价上涨，而且阳线实体部分波动范围在1.6%～3.5%（如图4-1所示）。

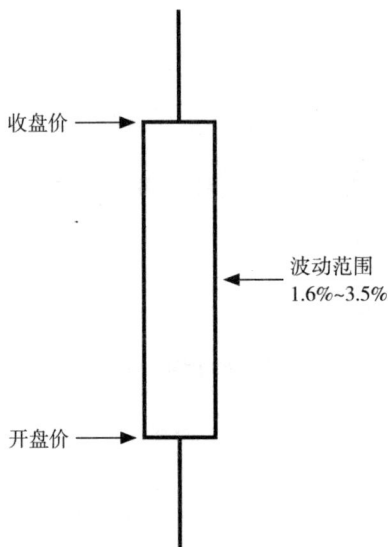

图4-1 中阳线示意图

（2）中阳线往往代表后市行情看涨。

（3）通常，出现中阳线意味着买卖双方在经过争斗后，最终买方力量占据着明显优势，但是其优势却不如大阳线。

（4）中阳线虽然具有一定的技术意义，但需要投资者注意的是，中阳线不能完全充当股市晴雨表的作用。

（5）单独出现一根中阳线并不能代表后期行情的走向，而一旦出现连续的三根或六根中阳线，后市行情将有可能出现扭转。

▶ **实盘精解**

上海医药（股票代码：601607）2017年股价上涨一段时间后，开始回落。2017年8月3日回落至相对低点位置，随后从日线图可以看出股价逐渐止跌企稳，9月25日成交量放大，且当日开盘价为23.16元，最高价为23.92元，最低价为23.11元，收盘价为23.85元，振幅达到了3.50%，阳线实体部分的价格波动为3.0%，可以判断为中阳线。除此之外，MACD指标形成金叉。因此，后市行情在短中期内可能会上涨（如图4-2所示）。

图4-2　2017年5月至9月年上海医药K线图

2. 中阴线

▶ **基础速读**

（1）中阴线也是K线中比较常见的一种形态，基本表现为开盘价高于收盘价。通常上影线的最高点为当日的最高价，下影线的最低点则为最低价。中阴线实体部分一般在1.5%～5%的范围内波动（如图4-3所示）。

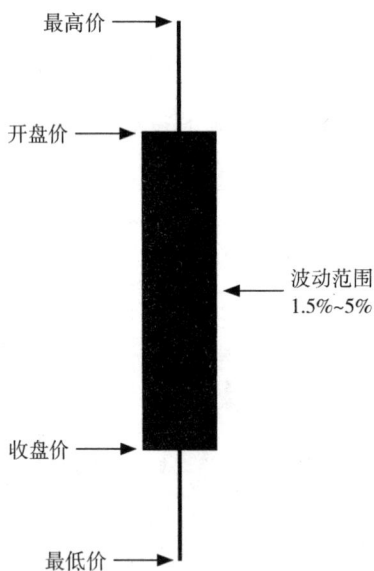

图4-3 中阴线示意图

（2）形成中阴线的原因是开盘后多空双方进行猛烈的争夺，最终多方力量不及空方力量，由此导致股价下跌收盘。

（3）通常中阴线包含光脚中阴线、光头中阴线、光头光脚中阴线以及穿头破脚中阴线。

（4）单独的一根中阴线无法对后市的行情进行预测。

▶ **实盘精解**

圆通速递（股票代码：600233）2017年3月1日股价上涨并走出了相对高点位置，当日开盘价29.27元，收盘价为28.29元，阴线实体部分的涨幅达到了3.35%，属于穿头破脚中阴线。从具体盘面上可以看出，股价在高点位置出现中阴线，同时伴随着成交量的放大，这意味着股价将会进入调整，后市行情可能会下跌，投资者应该及时离场（如图4-4所示）。

图4-4　2017年1月至7月圆通速递K线图

3.假中阳线和假中阴线

▶ **基础速读**

（1）假中阳线在外形上和中阳线几乎没有区别，日线实体部分的波动价格通常在1.5%～5%。

（2）假中阳线和中阳线最本质的差异在于，中阳线当日的收盘价一般要高于前一交易日的收盘价，这意味着后市行情将上涨；而假中阳线当日的收盘价低于前一个交易日的收盘价，表现为下跌。

（3）假中阴线和中阴线的形态也是几乎没有差别的，和中阴线一样其实体部分在1.5%～5%的范围内波动。

（4）中阴线当日的收盘价一般都比前一个交易日的收盘价低，而假中阴线却正好相反，其当日收盘价一般都要高于前一日的收盘价。

▶ **实盘精解**

太平鸟（股票代码：603877）于一波下跌行情中走出了一根假中阴线。2017年5月31日开盘价为28.45元，收盘价为27.69元，前一日的收盘价为27.45元，计算K线实体部分的价格波动为2.77%，属于假中阴线。随后股价继续下跌，下跌至低点位置后行情开始回升，9月21日行情到达最高点位置，当日收盘价为28.81元，下一个交易日即9月22日该股开盘价为28.00元，收盘价为28.53元，K线实体部分的价格波动为1.84%，判断为假中阳线（如图4-5所示）。

图4-5 2017年5月至9月太平鸟K线图

4. 一字线

▶ **基础速读**

（1）当股价的开盘价、收盘价、最高价、最低价四者基本相同的时候，其K线便形成了"一"字状，这就是所谓的一字线，即我们常说的涨停板或者跌停板开盘（如图4-6所示）。

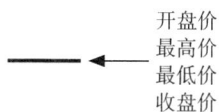

开盘价
最高价
最低价
收盘价

图4-6 一字线示意图

（2）一字线在上涨的行情中出现代表着买入信号，而在下跌行情中出现则代表着卖出信号。

（3）在一段大幅度上涨的行情后，当股价远离底部位置，同时配合成交量的放大时出现一字线，投资者应该及时清仓，快速获利离场。

（4）一字线的出现通常都表明市场趋势比较极端，投资者一定要准确辨认该形态出现的位置。

▶ **实盘精解**

2017年3月31日达安股份（股票代码：300635）上市，股价在上涨到一定高点位置后便开始呈现下滑趋势，截止到8月11日股价已经跌至25.08元。行情到达底部后开始出现缓慢的回升上涨，在8月25日～29日在三个交易日内连续出现三个涨停一字线，意味着后市行情继续看涨。从K线走势可以看出，一字线出现后行情加速上涨，截止到2017年9月26日股价已经上涨到54.65元，涨幅达到了117.90%（如图4-7所示）。

图4-7　2017年5月至9月达安股份K线图

※ 高手如是说

1.同大阴阳K线、小阴阳K线一样，中阴阳K线不仅是对当个交易日股价变化的总结，其中还隐藏着对后续走势的预示。投资者通过对其上下阴影线进行观察，结合相关的知识，就可以对该股股价走势进行大致的判断，判断正确与否对投资起到至关重要的作用。

2.对于投资者来说，一字线所代表的信息简单且相对准确，跌停代表股价陷入颓势，涨停则代表股价士气高昂。

第二节　不同性质的中K线

» 形态识别

（1）中K线按照性质可分为四种类别，即突破性质、中继性质、见顶性质以及见底性质。

（2）突破性质的中K线通常容易出现在行情处于调整阶段。

（3）中继性质的中阳线或中阴线通常在一段上涨或者下跌行情中出现。

（4）见顶性质的中K线容易在一段上涨行情中出现。

（5）见底中K线则容易出现在下跌行情中，有时甚至会出现在股价短期调整的过程中。

（6）无论辨别哪种性质的中K线，都需要跟踪数日的确认。

» 应对策略

（1）中K线发出信号时，可以就近参照前后交易日收获K线的应对方式。例如中阳线发生在小阳线和大阳线之间，当中阳线更接近小阳线的时候，就可以参考小阳线的应对措施进行布局。

（2）单独的中K线并不能准确地判断后市行情的方向，一定要结合其他技术指标，根据实际情况进行分析和判断，再做出正确的布局。

1. 突破性质的中 K 线

▶ **基础速读**

平时默默无闻的中 K 线一旦拥有了突破的特性就会变得至关重要，具有突破性质的中 K 线往往预示股价走势即将开启新的篇章。

▶ **实盘精解**

隆平高科（股票代码：000998）2017 年下跌低点位置后行情回升，回升的过程中行情走出了一段箱形整理形态，股价在矩形中上下波动，2017 年 7 月 3 日，行情向上并收出一根中阳线，此时箱形形态被打破。中阳线突破箱形的上压力线，判断属于突破性质的中 K 线，随后行情不断上涨，截止到 9 月 15 日该股已经上涨至 25.98 元。面对这样的行情，投资者可以适当地进场布局，就能收获一波盈利（如图 4-8 所示）。

图4-8　2017年4月至9月隆平高科K线图

国投电力（股票代码：600886）2017年7月行情上涨至高点8.44元的位置，随后股价在顶部形成了圆弧顶，同时成交量呈现出近似碗状的形态。8月7日该股收出一根中阴线，股价突破了圆弧顶的颈线位置，出现突破性中K线后行情不断下跌，截止到2017年9月25日股价已经跌至7.28元，投资者最好的选择是场外观望，等待并研究行情见底的信号（如图4-9所示）。

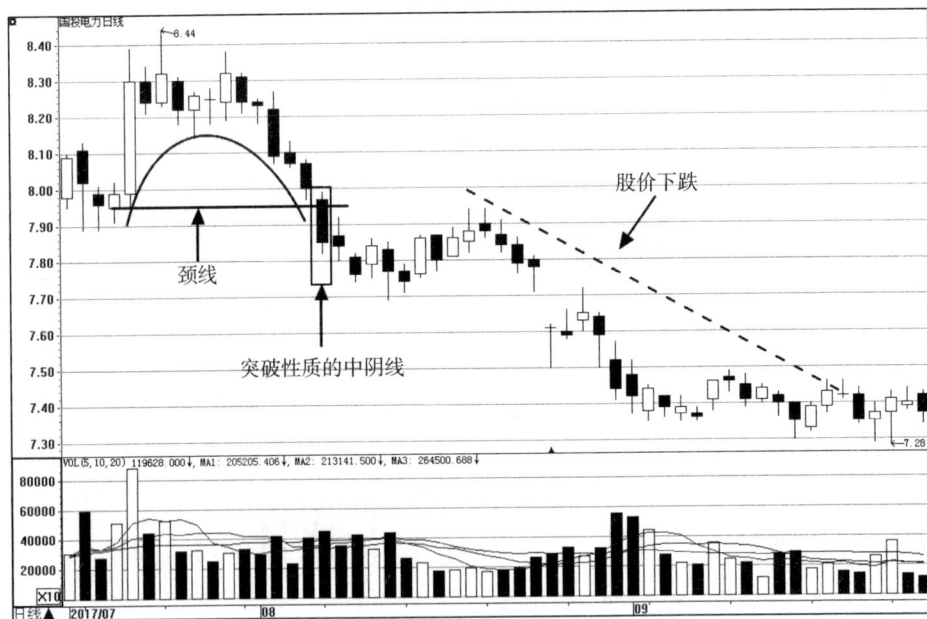

图4-9 2017年7月至9月国投电力K线图

2. 中继性质的中K线

▶ **基础速读**

具有中继性质的中K线在股价的走势中同样起到了承前启后的作用。中继K线是股票的枢纽站、投资者的休息区。

▶ **实盘精解**

上汽集团（股票代码：600104）于2017年3月21日跌到了相对低点位置，随后的几个交易日中MACD指标构成黄金交叉，行情由此见底回升，开始缓慢地上涨。2017年5月11日趋势中收获了一根中阳线，呈现出中继性质，之后行情继续上涨（如图4-10所示）。

从图4-10的盘面上可以看出，这根中阳线恰好处于这波上涨行情的中间部位，而中阳线出现的前一个交易日形成了十字线，在明显的上涨行情中出现十字线说明买卖双方的力量发生变化，本应该是变盘的征兆。但是从均线分布的情况上看，此时处于多头排列的情况，说明买方力量在不断加强，同时MACD指标在0轴较远的地方发生黏合，呈现半山腰的状态，并且指标线开口向上，说明买方力量要发起进攻，因此变盘的危机可以消除。

而从中阳线的角度分析，在该线出现后的交易日中，股价都没有跌破中阳线的最低点位置，行情转势的危险消失。综合以上指标的分析，投资者可以耐心持股，等待行情继续上涨（如图4-10所示）。

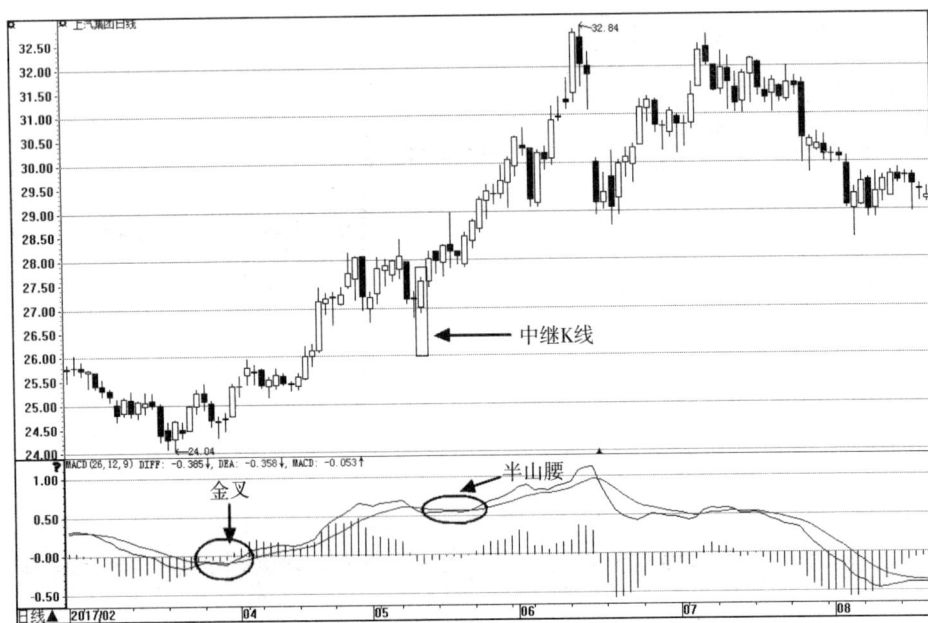

图4-10 2017年2月至8月上汽集团K线图

　　再来看看华金资本（股票代码：000532），该股在下跌的过程中于2017年5月4日收获了一根中阴线，从中阴线出现的位置可以判断出，该中阴线处于下跌行情的中间部分，因此可以判断为中继K线。中阴线出现后行情继续下跌，从盘面上可以看出中阴线出现的前一个交易日出现了小阴线，相比之下小阴线发出的信号更可靠一些。无论是在上涨行情中还是下跌行情中，中阴线或中阳线的出现更多是类似于大阳线和大阴线的作用，常常代表趋势变化的速度加快（如图4-11所示）。

图4-11　2016年12月至2017年6月华金资本K线图

3. 见顶性质的中 K 线

▶ 基础速读

见顶中K线可能是阴线，也可能是阳线。无论以何种走势收盘，都预示着涨势很可能即将结束，股价会开始回落。

▶ 实盘精解

通常出现中阳线往往意味着后市看涨，但是在皇庭国际（股票代码：000056）这只股票中行情却走出了不同的方向。2017年8月3日该股收出一根中阳线，此时应看涨，但是在8月4日的交易日中行情没有继续上涨，反而走出了一根中阴线，且没有突破中阳线上影线的最高点位置，因此后市上涨的判断是有误的，此次收获的中阳线属于见顶性质。

投资者需要注意的是，在收获中阳线的时候，一定不要立刻确定后市的涨势，要先观察出现中阳线之后的几个交易日，若跟踪几日后，行情没有朝预想的方向发展，就要提高警惕谨防阳线见顶。该股的见顶中阳线出现之后，行情在一段时间内下跌，随后进入到了整理阶段（如图4-12所示）。

图4-12　2017年4月至9月皇庭国际K线图

华舟应急（股票代码：300527）2017年7月10日出现了一根上影线较长的中阴线，同时伴随着成交量的放大，后市行情看跌。在出现中阴线之前行情整体呈小幅度上涨趋势，并且中途多次出现十字线，此时一定要警惕起来，行情出现短期见顶的可能性很高。

从盘面上可以看出，收获中阴线后的几个交易日行情又连续走出了中阴线和小阴线，导致后市行情迅速下跌，由此判断7月10日收获的是见顶性质的中阴线。

见顶中阴线出现后行情下跌，随后进入到整理阶段，2017年9月26日收获了一根大阳线，大阳线向上突破了见顶中阴线构成的压力线，后市行情看涨（如图4-13所示）。

图4-13　2017年5月至9月华舟应急K线图

4. 见底性质的中 K 线

▶ 基础速读

和见顶中K线相似，见底中K线同样可能以阳线或阴线收盘。当股价处于谷底时，具有见底性质的中K线很可能会带领股价重整旗鼓，向上攀升。

▶ 实盘精解

宏盛股份（股票代码：603090）于2016年10月份开始下跌，到了2017年1月跌势仍在继续，终于在2017年1月17日收获一根带着较长下影线的中阳线，使行情停止了跌势。中阳线出现后，股价进入到整理阶段，直到2月21日该股再次收出了一根光头光脚的中阳线，同时成交量发生明显的放大，至此从盘面上可以看到该股的底部区域已经筑成。

从整个底部区域看，可以判定1月17日收出的中阳线为见底性质的K线。在趋势中发现中阳线投资者就需要注意，如果中阳线之后的交易日内股价在中阳线下影线的上方运行，则意味着行情见底，倘若股价继续向下运行甚至超过中阳线的最低价格，那么此时可能正处在下跌趋势的腰部（如图4-14所示）。

图4-14　2016年9月至2017年3月宏盛股份K线图

东风汽车（股票代码：600006）2017年8月1日股价走出了一根中阴线，后市行情原本应该继续看跌，但是在接下来的交易日即8月14日，行情并没有朝着预想的跌势发展，而是走出了一根小阳线，此时成交量出现萎缩，因此可以确定此次出现的中阴线为见底性质的中K线。出现见底中阴线后，行情进入了小幅度波动的整理阶段（如图4-15所示）。

图4-15　2017年5月至9月东风汽车K线图

※ 高手如是说

1.经常出现在投资者视野的中K线因为带有不同的属性，对股价后续走势会进行一定程度的改变，也能对投资者们进行预警。

2.总结来说，具有突破性质和中继性质的中K线会按照原本的走势带领股价前进。而具有见顶和见底性质的中K线却往往会带领股价走向与原本走势相反的一条路。

3.无论中K线带有何种性质，投资者们都应该重点关注，仔细观察和分析，才能够对股价后续的变化胸有成竹，做到精准投资。

第三节　T字线与倒T字线

» 形态识别

（1）T字线与倒T字线可以分为中继性质、见顶性质、见底性质三种。

（2）T字线在实战中出现的频率比较小，一旦出现通常都会在行情的底部、股价上涨的中途甚至是趋势顶部。

（3）除了某些特殊的股票，通常倒T字线出现的机会比十字线更少。

（4）趋势上涨或下跌的中途或者末尾是倒T字线常出现的位置。

» 应对策略

（1）出现见顶性质的T字线和倒T字线，投资者应该提高警惕，后市可能会发生转变。

（2）通常情况下，中继性质的T字线和倒T字线都有助涨或者助跌的作用，投资者要根据股票的实际情况，结合其他的技术指标进行分析和布局。

（3）T字线和倒T字线发生在下跌行情的底部，若判定为见底性质，则意味着行情可能会见底回升。

1.T 字线的一般形态

▶ **基础速读**

（1）在某个交易日中，由于空方实力较强，导致开盘后股价处于不断下跌的形势中。经过一段时间后，多方开始发力并上攻，此时空方由于前期过度用力而无法及时有效地反抗多方的进攻，最终导致股票的开盘价、收盘价和当日的最高价三者价格近乎相同，形成所谓的T字线（如图4-16所示）。

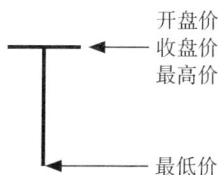

图4-16　T字线示意图

（2）T字线又称为"蜻蜓线"，通常情况下T字线只有下影线，倘若存在上影线也是较短的。

（3）在股票技术分析中，一般认为出现T字线是由于庄家控制盘面导致的，因此T字线是一种庄家线。其下影线越长，T字线发出的信号也就越强，可信度也较高一些。

（4）T字线出现的位置不同，技术意义也不同。T字线出现在行情大幅度上涨后往往代表着见顶信号，反之出现在大跌之后则代表着见底信号。

（5）在一段上涨行情中途出现T字线很可能是后市继续看涨的信号，而在下跌行情中途出现T字线则是后市继续看跌。

（6）T字线能真实地反映出庄家操纵的真正意图，投资者要想识破庄家的诡计，不仅需要准确地分析T字线出现的位置，还需要结合其他指标进行分析。

▶**实盘精解**

*ST华菱（股票代码：000932）2017年在一段缓慢的下跌行情后，股价跌到底部。2017年6月2日该股跌到了最低价格3.83元，随后行情进入到了一段横盘时期，之后便回升上涨。经过几个涨停板之后该股出现了T字线，于2017年8月7日出现第二个T字线，此次的T字线下影线较长，因此发出的信号也更强，说明后市上涨行情力度较强。截止到2017年9月14日，股价上涨至高点位置10.26元，与6月2日的低点位置相比，期间上涨幅度达到了167.89%。投资者若能识别这一形态，就能吃上一波利好行情（如图4-17所示）。

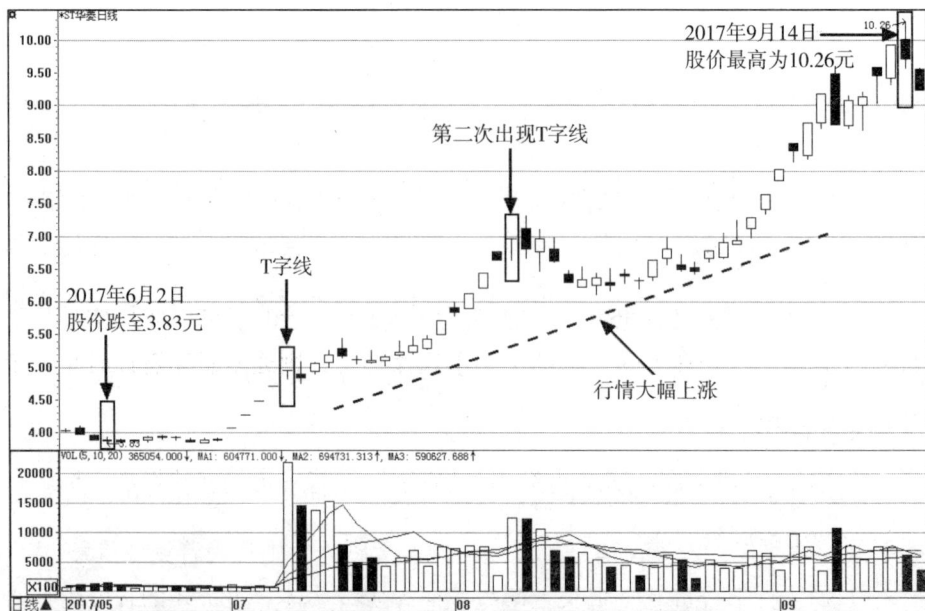

图4-17　2017年5月至9月*ST华菱K线图

2. 倒 T 字线的一般形态

▶ **基础速读**

（1）倒T字线实际上是T字线的一种演变形式，又被称为"墓碑线"。

（2）之所以会形成倒T字线，是因为开盘后买方力量大于卖方力量，当行情上行到当日最顶端时，空方进入强力反攻的阶段，此时多方力量逐渐减弱甚至抵挡不住空方强大的攻势，由此导致行情出现下跌，直至收盘价、开盘价以及最低价几乎相同（如图4-18所示）。

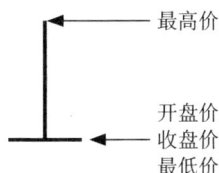

图4-18　倒T字线示意图

（3）在一段上涨的行情末期阶段出现倒T字线，又可以称为上档倒T字线或者下跌转折线。一般都代表着买方力量已无力再推高股价，因此行情可能会发生反转，可以视为是卖出信号，此时投资者应该选择果断离场，在场外观望。相反，若在下跌行情的末期出现该形态，则通常意味着此时是一个较好的切入位置。

（4）在一段上涨行情的中途出现倒T字线意味着走势继续看涨，反之在下跌行情中途则继续看跌。

（5）倒T字线带有一根长上影线，而无阴线实体，上影线的长度越长表明空方反攻力度越大，发出的信号也更有可信度。

▶**实盘精解**

国发股份（股票代码：600538）于2017年4月13日，股价上涨行情到高点位置13.88元。随后行情开始下跌甚至出现跌停的状况，在下跌的过程中于2017年5月4日出现了倒T字线，该形态的出现意味着后市行情继续看跌，从具体的盘面上可以看出，倒T字线出现后行情果然不断下跌，截止到2017年7月18日股价已经跌至5.75元，跌幅达到58.57%（如图4−19所示）。

图4−19　2017年3月至8月国发股份K线图

3.中继性质的 T 字线

▶**基础速读**

由于T字线的出现概率相对较少，具有中继性质的T字线就更加稀缺了。当T字线出现时，即使走势中断，如果其带有中继性质，依然不会改变盘面原本的走势。

▶ **实盘精解**

安阳钢铁（股票代码：600569）股价在缓慢上涨的过程中于2017年8月7日出现了一根T字线，由于T字线出现在一段上涨行情的中途，因此意味着后市继续看涨。从盘面上可以看到，T字线的出现伴随着成交量的放大，此时需要防止行情见顶的情况。但是在之后的交易日中股价继续上涨，因此可以判定该T字线为中继性质的K线。此时，投资者可以选择暂时不清仓，等盈利空间再扩大后，结合具体的行情进行买卖布局（如图4-20所示）。

图4-20　2017年3月至8月安阳钢铁K线图

中通国脉（股票代码：603559）2017年1月12日股价上涨到相对高点67.30元的位置，随后行情下跌并呈现横盘整理的情况。6月19日起该股连续出现两次跌停的状况，但是下跌的趋势仍然没有被遏制，6月21日该股收获一根倒T字线，通常在下跌趋势中途出现倒T字线，后市将继续看跌。

不出所料，在倒T字线出现后行情继续下跌，2017年8月11日股价跌至低点位置18.61元。至此可以判断此次出现的倒T字线为中继性质的K线（如图4-21所示）。

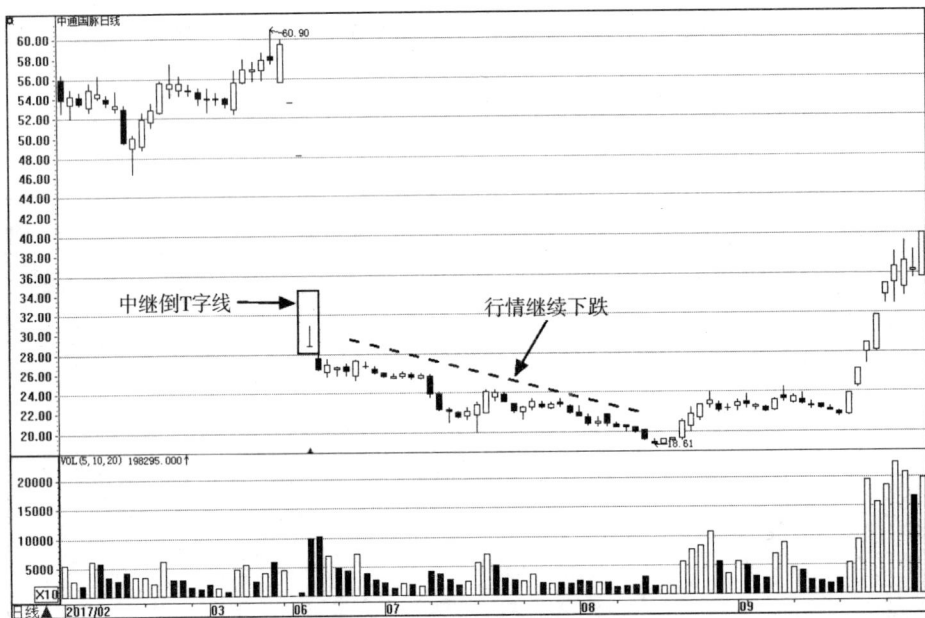

图4-21 2017年2月至9月中通国脉K线图

4.见顶性质的T字线

▶基础速读

带有见顶性质的T字线可能为正T字，也可能为倒T字。相比于常见的大中小见顶阴阳线，见顶T字线较为直接地预示了股价后续的变化。

▶**实盘精解**

鸣志电器（股票代码：603728）是2017年5月发行的一只新股，在连续涨停后，5月18日出现了T字线，后市行情本应该继续看涨。但是，成交量出现了明显的巨量放大，显示出了股价上涨的压力，后市股价可能会有所变动，投资者应该谨防行情见顶。

5月5日该股收出了一根大阴线，T字线显示出了见顶迹象。见顶T字线出现后，行情开始出现大幅度的下跌。6月2日一根见底中阳线遏制住了下跌行情，股价随后进入整理阶段（如图4-22所示）。

图4-22 2017年5月至9月鸣志电器K线图

飞亚达B（股票代码：200026）于2017年9月21日收获了一根倒T字线，此次收获的倒T字线带有较长的上影线，意味着对后市的影响力度较大。但投资者仍需确定该倒T字线属于见顶性质还是中继性质（如图4-23所示）。

图4-23 2017年4月至9月飞亚达B K线图

9月22日，在出现倒T字线后的第二个交易日中该股收获了一根小阴线，阴线的最高价比倒T字线的最低价还低，因此可以判断该倒T字线为见顶性质的K线，即所谓的"上档倒T字线"或"下跌转折线"，后市行情看跌。

除此之外，从具体的盘面上可以看到7月27日开始该股成交量呈现出了间歇性的放大，通常我们认为这是控盘主力为了着急出货而设计的陷阱，后市行情不容乐观。事实上，在见顶倒T字线出现后，行情确实出现下滑。投资者应该谨慎，切勿掉入陷阱中。

5. 突破性质的T字线

▶ 基础速读

无论是向上突破还是向下突破，带有突破性质的T字线都会打破原本停滞不前的局面，加速股价的走势。

▶**实盘精解**

精测电子（股票代码：300567）股价在一段整理阶段后突然跳空低开出现了一个缺口，之后的交易日中股价连续下跌，直到2017年8月11日卖方力量开始衰竭，股价探底，并出现了缓慢探头的迹象，不久后股价又形成了一个向上跳空的缺口，至此形成了一个底部岛形反转形态。

底部岛形形态形成后，该股收获了一根T字线，T字线直接突破缺口站在压力线上方，后市行情看涨。T字线出现后股价一路上涨，若投资者能抓住机遇，就能收获可观的盈利（如图4-24所示）。

图4-24　2017年6月至9月精测电子K线图

吉艾科技（股票代码：300309）2017年1月10日股价一路上涨到了27.28

元的高点位置，随后出现一根大阴线，股价开始下跌，但是在几个交易日后下跌趋势逐渐被遏制，行情进入了短期的横盘阶段。股价在高位横盘意味着买盘力量不足，不能再将股价推高，若没有持续的资金流入，则预示着后市行情将下跌（如图4-25所示）。

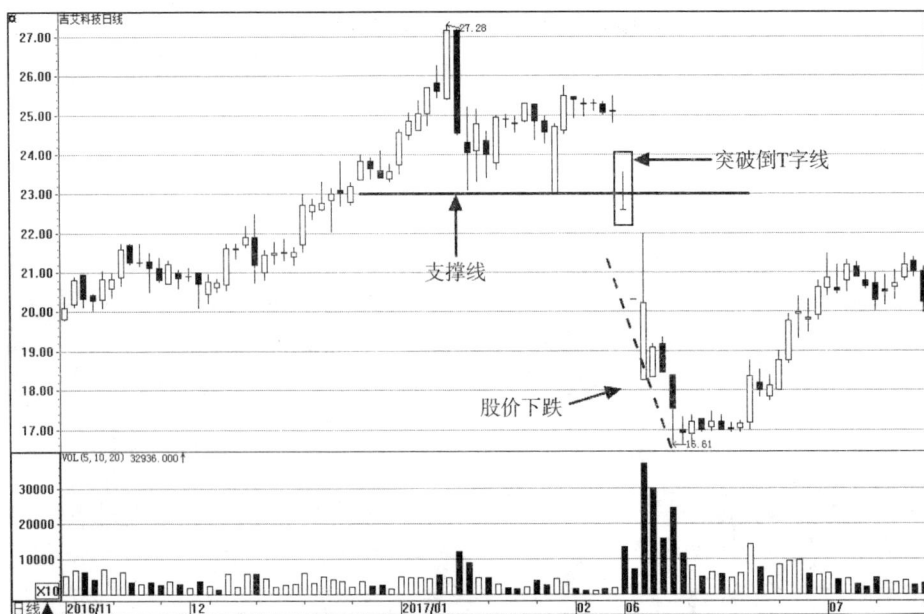

图4-25　2016年11月至2017年7月吉艾科技K线图

果然，6月2日该股向下跳空收获了一根倒T字线，并且该倒T字线直接突破下跌的支撑线，随后的交易日股价跌停并一路下跌到低点位置，6月9日股价已经下跌到了16.61元。倒T字线出现后仅四个交易日股价的跌幅就达到了29.47%，可以判断此次出现的倒T字线为突破性质的K线，投资者若没有及时清仓就会受到严重的损失。倒T字线下跌突破支撑线，通常意味着后市将出现强烈的下跌，投资者一定要提高警惕。

※ 高手如是说

由于T字线具有自身独特的属性，很多投资者都对其不甚了解，当T字线出现时往往会感到疑惑和紧张，其实大可不必。将T字线的属性和常出现的K线图形进行对比，我们就会发现，T字线所表露的信息反而更加简单、直观，也更加有利于投资者对后续的股价走势进行准确判断。而且具有特殊性质的T字线和常见的K线图形起到的效果也基本相同。

第四节　十字线

» **形态识别**

（1）实战中，十字线出现的位置不同，其技术意义也各不相同。

（2）十字线无论在什么位置出现，都应该等上一个或者两个交易日，观察趋势的变化再确定其性质。

» **应对策略**

（1）确认为见顶性质的十字线，通常代表后市行情可能会下跌。

（2）中继性质的十字线具有助势的作用。

（3）在股价低位出现十字线，判断为见底性质，则意味着股价可能会上扬。

1. 十字线的一般形态

▶基础速读

（1）当股票的开盘和收盘价格一样时，在K线图上将呈现"一"字状态，同时配合上下影线，便构成了十字线（如图4-26所示）。

（2）K线之所以会形成这样的形态，是因为在某交易日内买卖双方力量近乎均等，实体部分的K线呈现水平的状态。

（3）十字线出现的位置不同往往具有不同的含义。十字线出现在行情盘整的走势中并没有特殊的意义，而如果十字线出现在一波上涨或下跌趋势中，则是行情将要变盘的征兆。

（4）通常情况下，在一波明显的上涨行情中，如果在一根长阳线之后出现十字线，那么投资者就应该提高警惕，这样的情况往往意味着多空双方力量已发生变化。

（5）需要注意的是，十字线不能被单独看成买卖信号，必须结合其他技术指标一起判断。

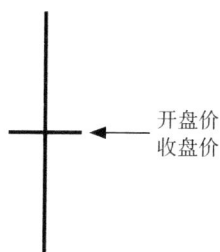

图4-26 十字线示意图

▶ **实盘精解**

上证指数（股票代码：000001）2017年8月31日的开盘为3361.46点，收盘为3360.81点，大盘跌幅仅为0.08%，最终收出一根十字线。此次在上涨行情的高位出现十字线本应是下调信号，但是观察均线分布可以发现，各均线分布完美且呈现出多头排列的状态。除此之外，十字线回踩了5日均线，后市行情依托5日均线继续小幅度上行。此时投资者不可小看十字线发出的信号，指数下行仍有可能，一定要提高警惕（如图4-27所示）。

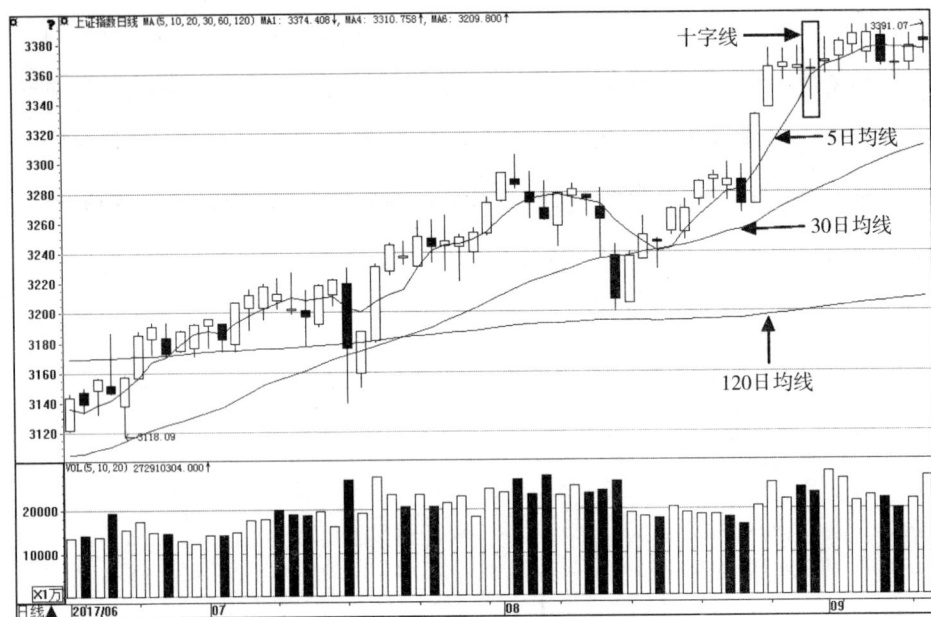

图4-27 2017年6月至9月上证指数K线图

2.见顶性质的十字线

▶ **基础速读**

和其他K线图形一样，如果十字线带有见顶的性质，那么后市看空，股价很可能即将转涨为跌，陷入颓势。

▶ **实盘精解**

杭钢股份（股票代码：600126）于2017年2月份经过小幅度下跌后行情发生反弹。4月11日出现一根十字线，最高点位置为8.99元。随后的交易日收获了一根中阴线，该阴线的上影线并没有突破十字线上影线的最高点，因此判断该十字线为见顶性质的十字线。需要注意的是，若是在十字线形成后的第二个交易日中，K线突破了十字线的最高点位置，则只能判定该十字线为中继性质。

十字线的出现需要投资者注意变盘的危险，从实际走势中可以看到，收出见顶十字线后行情出现大幅度下跌，截止到6月2日该股股价最低价已经跌到了6.33元。投资者需要密切关注行情上涨中的见顶信号（如图4-28所示）。

图4-28　2017年2月至7月杭钢股份K线图

3.见底性质的十字线

▶基础速读

同其他K线图形相同，当十字线带有见底性质时，后市看涨，股价很可能即将出现回升。

▶ **实盘精解**

东方航空（股票代码：600115）2017年4月处于一段下降趋势，5月22日该股收出一根十字线，5月23日收出一根阳线，可以发现该阳线的下影线较长但是并没有突破十字线的下影线，因此可以判断此次构成的十字线为见底性质的K线。

见底十字线出现后，股价完成了底部构筑行情，开始缓慢回升，但是此次上涨力度并不大，紧接着股价便进入上下波动的整理阶段。从盘面上可以看出，股价波动形成了近似箱形的结构。截止到8月17日，该股股价跳空并以一根中阳线突破压力线，随后行情急速上涨，与此同时成交量出现明显的放大（如图4-29所示）。

图4-29 2017年4月至8月东方航空K线图

4. 中继性质的十字线

▶ **基础速读**

十字线本身的属性相对来说接近于停滞，再加上中继的性质，更加直观地表达了股价停滞不前的现状，可谓是承前启后，蓄势待发。

▶ **实盘精解**

从南极电商（股票代码：002127）的日线图上可以看出，在上涨的趋势过程中于 2017 年 8 月 4 日出现了一根十字线（如图 4-30 所示），并且出现的位置正好处于上涨行情的中部区域，投资者无法立即判断出该 K 线是中继性质还是见顶性质。

图 4-30　2017 年 5 月至 9 月南极电商 K 线图

　　而8月7日该股收出一根中阳线，但是此中阳线几乎与十字线持平，仍然无法明显地看出十字线的性质。8月8日再次收出小阳线，小阳线站在十字线的上方，因此可以判断该十字线为中继性质的K线，后市行情将继续看涨。截止到2017年9月20日股价已经上涨至15.95元的高位。

　　要想抓住这波上涨行情，投资者可以选取在确认中继十字线之后及时建仓，也可以选择在出现十字线的当日进行布局，但是一定要做好防范措施，防止因行情变盘而遭受损失。另外从盘面中可以看到，该股的移动平均线呈现出多头排列的情况，后市行情将由买方主导，此时是投资者买入的最佳时机。无论选择什么位置建仓，投资者都应该经过详细的技术分析后再做决定。

※ 高手如是说

　　十字线同样是很少见的K线图形，与其他K线图形不同的是，普通的十字线自身的属性往往不带有对后市进行预示的能力，需要和其他K线图形进行搭配判断。带有各种性质的特殊十字线却各不相同，这些十字线拥有改变股价走势的能力，也向投资者们预示了很多股价未来的走势变化，所以值得投资者们进行观察和分析研究。